월화수 쉬고
목금토일만 여는 카페

윤예리 지음

나는 사장이다. 아니, 정확하게 이야기하면 1인 기업 사장이다. 2020년 4월 코로나19가 전 세계를 덮칠 때 창업한 카페 리브리베의 대표다. 정말로 열심히 뛰었다. 그리고 싸웠다. 아직도 완전히 이겨냈다고는 할 수 없지만, 버텨냈다.

'월월화화수수목목금금토토일일' 그렇게 일했다. 하루를 두 번씩 살았다. 어떤 때는 며칠 밤을 연속해서 새웠다. 그렇게 해서 버티고, 지켰다. 나의 일터와 나의 자존심을 지킬 수 있었다. 하지만 '나'는 어디에도 없었다. 싸움에 나의 모든 것을 집어던졌기에, 남은 것이 하나도 없는 느낌이 들었다. 특히 '나의 삶'을 찾을 수가 없었다. '나의 생활'은 도대체 어디로 간 것인가? 의문이 들었다.

나를 찾자. 나의 삶을 찾자. 나의 생활을 찾자.

코로나19 사태가 수습 국면으로 접어들고, 카페 영업이 정상 궤도에 오르면서 이런 생각을 하기 시작했다. 그건 코로나19와 함께 잃어버린 나의 삶을 되찾고자 하는 본능이었는지 모른다. 하나씩 전략을 짰고 실행에 들어갔다. 그래서 나는 내 나름대로의 워라밸(일과 삶의 균형을 뜻하는 '워크 앤 라이프 밸런스(Work and Life Balance)'의 줄임말)을 이루어 가고 있다. 그 결과가 바로 '월화수 쉬고 목금토일만 여는 카페'이다. 이 카페가 태어나서 자리를 잡기까지의 길은 험하고도 길었다.

이 책은 그 길고 험한 여정에 관한 기록이다.

여기서 잠깐 카페 리브리베를 소개하겠다. 카페 '리브리베'는 전쟁 중에 태어났다. 세상은 코로나19라는 듣지도 보지도 못한 바이러스와 치열한 전쟁을 치르고 있었다. 그 와중에 나는 카페 리브리베의 문을 열었다. 아니 열어야만 했다. 나는 코로나19 사태가 찾아오기 직전인 2019년 모든 준비를 끝내고 있었다. 코로나19 팬데믹은 그 누구도 예측할 수 없던 상황이었다. 카페 리브리베의 문을 열 때는 뒤로 물러설 수 없는 상태였다. 물러서면 낭떠러지 아래로 떨어져 죽을 수밖에 없었다. 만약 물러섰다면 지원받은 자금은 토해내야 했고, 내가 투입한 거액의 인테리어비용과 기자재 구입 비용, 그동안의 월세, 권리금 등을 모두 포기한 채 빚더미에 올라앉아야 하는 상황이었다.

전쟁을 피할 방법은 그 누구에게도 없었다. 자연스럽게 나도 그 전쟁에 참전해야만 했다. 사실 나는 그 이전까지 싸워본 적도, 전쟁터에 가본 적도 없다. 회사 생활을 해 본 적도 없고, 창업을 해 본 적이 한 번도 없다는 얘기다. 당초의 창업 계획이나 목표는 수정될 수밖에 없었다. 우선은 살아남아야만 했다. 비장했다. 비장했던 만큼 열심히 했다. 하지만 코로나19 바이러스가 뒤덮은 세상은 처절할 정도로 무서웠고 냉혹했다. 손님의 그림자조차 볼 수 없는 날, 그런 시간도 많았다.

'기록을 남겨야지.' 누구를 위해서? 왜? 이런 질문은 하지 않았다. 하루하루가 처절했기에 더욱 그랬다. 앞으로 살아갈 날이 살아온 날에 비해 훨씬 길다.

이 청춘의 시작, 이 전쟁터에서 시작한 내 청춘을 그대로 기록하고 싶었다. 언젠가 나 스스로에게 좋은 메시지가 될 것이라고 생각했다. 그래서 한 장 한 장 썼다. 고등학교 때와 대학교 때 교내 매체 등의 기자로 활동한 것이 큰 힘이 됐다. 손님이 없어서, 한 번 쓰기 시작하면 2~3시간 동안 쓰는 데 집중할 수도 있었다. 카페를 경영하기에는 최악의 조건이었지만, 뭔가를 쓰기에는 최선의 조건이었다. 슬프지만, 그게 현실이었다.

월화수 쉬고 목금토일만 여는 카페

사업 계획은 대폭 수정됐다. 애초 내 사업 목표는 내 인건비를 제외하고도 일정한 수익을 남기는 것이었다. 사업이 자원봉사가 아닌 이상 당연한 것이기도 했다. 하지만 시대는 '내 인건비'에 연연할 상황이 아니었다. '살아남는 것'이 최고인 상황이 됐다. 그래서 목표를 바꿨다. 살아남자, 버티자. 어떻게든 코로나19와 벌이는 이 치열한 전쟁에서 생존하자. 결국 지금까지 나는 살아남았다. 죽지 않았다.

이 책은 내가 벌인 전쟁의 기록이기도 하다. 죽지 않고 살아남은 사람의 기록이다. 이순신 장군은 임진왜란을 치르면서 일지 형태의 기록을 남겼다. 그 유명한 《난중일기》를 말하는 것이다. 나의 이 작은 책을 감히 《난중일기》에 비견할 생각은 '1'도 없다. 그것은 있을 수 없는 이야기이기도 하고, 이순신 장군께 실례이기도 하다. 하지만 이 책에는 하루하루를 살얼음판 위를 걷듯이 견디며 버텨온 나의 삶이 있다. 많은 날은 치열했다. 하지만 고백한다. 때로는 즐기려고 노력했고, 행복해지기 위해 애를 썼다. 그 노력이 월·화·수는 쉬고 목·금·토·일만 열어도 카페를 운영할 수 있는 터전이 됐다. 나는 상황이 어려웠기 때문에 행복의 가치를 알게 되었다. 너무 힘들었고, 너무 바빴기 때문에 여유로운 시간의 소중함을 알았다. 그래서 뒤늦게나마 어려운 상황에서도 행복을 추구해야 한다는 사실을 알게 됐고, 비록 작고 사소해 보이기는 하지만 나만의 행복을 찾아냈고, 느꼈다. 총알이 날아다니고, 대포 소리가 울리는 중에도 행복은 찾아보면 있었다. 싸울 때는 싸웠지만, 즐길 때는 즐겼다.

나는 MZ 세대(1980~2004년생까지를 가리키는 밀레니얼 세대와 1995~2004년 출생자를 뜻하는 Z세대를 합쳐 부르는 말)다. 나는 가장 MZ 세대답게 싸웠다고 자부한다. 때로는 피 튀기는 싸움 장면도 나오지만, 때로는 정말로 행복에 겨운 장면도 등장한다.

나는 이 책에서 나 스스로를 '1인 CEO'라고 부른다. 'CEO'는 Chief Executive Officer의 줄임말로, '최고경영책임자'를 뜻한다. CEO는 기업 등의 임원 중에서 가장 높은 위치에서 총체적인 경영을 책임지는 사람을 말한다. 카페 리브리베는 1인 기업이지만, 엄연히 기업이다. 이 리브리 베의 대표인 윤예리는 기업의 경영책임자가 되어, 모든 사업 전략을 수립하고, 모든 의사를 결정하며, 그 책임을 진다. 그런 의미에서 나는 나스스로를 '1인 CEO'로 부른다. 또 그렇게 자부한다.

내가 아주 개인적인 메모를 바탕으로 한 권의 책을 써야겠다고 생각한데는 특별한 이유가 있다. 얼마 전 한 대학에서 창업 특강을 요청해 왔다. 학생들에게 1인 창업의 경험을 있는 그대로 전달해 달라는 내용이었다. 또 어떤 창업 지원 업체에서는 창업을 희망하는 사람, 특히 카페 창업을 원하는 사람에게 멘토가 돼 줄 수 있느냐는 제안도 들어왔다. 비록 코로나19라는 대재앙 속에서 엄청난 어려움을 겪기도 했지만, 그 대재앙과 정면으로 맞서 싸운 그동안의 노력을 인정받는 것 같아 솔직히 기뻤다. 그리고 생각했다. '아, 나의 경험이 누군가에게는 도움이 될 수 있겠구나.' 이 생각은 내가 감히 '책'이라는 것을 쓰게 된 동기라고 할 수 있다.

내가 이 거대한 코로나19와의 싸움에서 물러서지 않고 싸울 수 있도록 힘을 주신, 내 주변의 모든 분께 진심으로 감사드린다. 혹시 이 작은 기록이 새롭게 사업을 시작하는 분들, 특히 카페 등 자영업을 준비하거나, 이미 준비에 나서신 분들, 또 막 개업해 분투하고 계신 분들께 작은 도움 또는 용기의 원천이 되기를 기원해 본다.

특히 현재 자신의 사업을 하고 있으면서, 또는 이제 막 사업을 시작하려고 하는 상황에서 '워라밸'과 '지속 가능성'의 가치를 생각하는 분이라면, 졸저를 통해 용기 있게 도전해 보시기를 권한다.

2부 / 1인 CEO로 살아간다는 것

3부 / 회사에 들어가지 말고 회사를 만들어라

월화수 쉬고 목금토일만 여는 카페

월화수는 쉬고, 목금토일만 연다고?
그래서 남는 게 있어?

"그렇게 해서 경영이 돼?"

주변 사람에게 카페 리브리베 이야기를 하다가 '우리 카페
는 월화수는 쉬고, 목금토일만 연다'고 설명하면 거의 모
두 이렇게 반응한다. 당연하다. 나도 처음 카페 창업을 준비할
때는 월화수목금토일 매일 문을 여는 카페만 생각했으니까.

결론부터 이야기하겠다. 남는 게 많다.

우선 남는 것은 나와 나의 정신과 나의 몸이다. 온전한 나를
남길 수 있다. 나의 정신이 나의 것이 됐고, 나의 몸이 진정한
나의 몸이 됐다. 또 하나, 그렇게 해도 영업이 됐다. 버터낼 수

있는 힘을 유지해갈 수 있다는 얘기다.

'워라밸'은 왜 잘 나가는 벤처기업이나 혁신적 마인드의 CEO가 있는 일부 기업에서만 가능해야 하는가? 나는 그런 질문을 스스로에게 했다. 나도 '워라밸'을 찾을 수 있는 것은 아닌가? 1인 CEO인 내가 혁신적인 마음만 먹으면 '워라밸'을 이루면서 충분히 사업을 해 낼 수 있지 않을까? 코로나19와 한참 싸울 때는 '워라밸'을 생각할 수 없었다. 살아남는 게 중요했으니까. 하지만 3년의 싸움에서 살아남고, 어느 정도 경쟁력을 확보하고 나니까, 워라밸이 이 세상 그 무엇보다 중요하다는 것을 알게 됐다.

월화수는 쉬고, 목금토일만 여는 카페. 이 콘셉트는 나만의 워라밸 전략이었고, 그 전략은 실행 가능한 것이었으며, 결과적으로 맞아떨어졌다. 지금은 친구를 마음껏 만날 수 있다. 여행도 떠날 수 있다. 어떤 때는 용기를 내서 월화수목금토일을 통째 쉬기도 한다.

앞으로 자세히 소개하겠지만, 새로 주력 상품으로 내놓은 답례품 주문이 갑자기 쏟아지는 경우, 작업을 위해 1주일 내내 카페를 닫는 경우도 있다.

"그게 가능합니까?"

이런 질문이 자주 나온다.

"가능합니다. 그 가능함은 오랜 시행착오 끝에 찾아낸 '내 인생의 보물'입니다."

나의 대답이다. 여러분께도 당당하게 자랑할 수 있는 '내 인생의 보물!'

자 그럼, '월화수는 쉬고 목금토일만 카페를 여는' 과감한 전략으로 '워라밸'을 이 세상의 그 무엇보다도 중요하게 여기면서 살아갈 수 있게 된 나의 기나긴 이야기를 지금부터 시작하겠습니다.

월화수 쉬고 목금토일만 여는 카페

1부

전쟁 중에 태어난 아이

코로나19 너 나와!
코로나19와의 전면전

코로나19는 쓰나미처럼 밀려왔다. 우리 사회, 아니 우리 인류를 구성하고 있는 그 누구도 예상할 수 없었고, 거기에서 자유로울 수 없었다. 많은 사람이 목숨을 잃었다. 내가 아는 어떤 사람은 2020년 3월 코로나19 확진 판정을 받은 뒤 치료를 받아 완치됐지만, 폐 등 여러 가지 신체 기능이 떨어져 지금까지 고생을 하고 있다. 그는 20대다.

코로나19 쓰나미는 나에게도 혹독하게 다가왔다. 쓰나미는 1인 CEO 윤예리가 '카페 리브리베'라는 '알' 속에서 세상의 빛을 보기 위해 껍데기를 쪼고 있을 때 닥쳤다.

당초 개업 예정일은 2020년 2월 초였다. 사실 개업을 위한 모든 준비는 끝나 있는 상태였다.

'준비, 땅'

총소리만 나면 달려 나갈 수 있는 육상 선수처럼 몸을 단련시켜 출발선에 대기하고 있었다. 하지만 중국에서 확산하던 코로나19 바이러스는 거침없이 바다를 건너 한국으로 들어왔다. 하루 확진자 수가 우리나라에서도 수십 명에서 수백 명으로 늘어났다. 사람들은 죽음을 생각했다.

'잘못하면 나도 걸리고, 나도 죽을지도 모르겠구나.'

많은 사람이 나도 죽을 수 있다는 위기를 느끼기 시작했다. 그렇게 상황은 심각해졌지만, 나는 죽음 같은 것을 생각할 수 없었다. 그럴 여유가 없었다. 나의 관심사는 오로지 '문을 열 수 있는가'였다. 신문이나 방송, 인터넷을 통해 나오는 확진자 추세를 상세하게 살폈다. 나는 당시 해외의 코로나19 확산 추세도 면밀하게 지켜보고 있었다. 다른 사람들도 그랬겠지만, 나도 확산세가 곧 잡힐 것으로 봤다. 적어도, 내가 태어나 자란 20여 년 동안에는 전염병으로 모든 사람이 묶이는 상황을 경험하지 못했다. 사스 사태나 메르스 사태를 이야기하는 사람도 있지만, 사실 그건 우리가, 우리 인류가 견딜 만한 수준이었다. 하지만 코로나19는 달랐다. 확산세는 멈추지 않았다. 그래서

월화수 쉬고 목금토일만 여는 카페

나는 개업일을 다음 주, 다음 주, 다음 주 하는 식으로 계속 미루어 나갔다. 하지만 사태는 진정되기는커녕 악화일로였다.

코로나19가 없는 깨끗한 세상에 카페 리브리베를 내놓겠다는 나의 계획이나 포부는 여지없이 흔들리기 시작했다. 매출이 전혀 없는 상태에서 임대료와 기본적인 공과금이 나가는 상황이 이어졌다. 정신적으로나, 현실적으로나 이것을 버텨내기란 쉽지 않았다.

주변에서도 이런저런 이야기가 나왔다. 매장을 빈 채로 방치하면 내부 인테리어 등이 오히려 망가질 수 있다는 충고를 하는 사람도 있었다. 그러니 문을 여는 게 낫겠다는 것이었다. 이런 때 문을 여는 것은 자살행위나 마찬가지라면서 개업을 더 미루는 게 낫겠다는 사람도 있었다.

'멘탈'에 '붕괴'가 오기 시작했다.

'이러다가 문도 열기 전에 망하는 거 아냐?'

최악의 상황이 머릿속을 아른거렸다. 정신을 차려야만 했다. 남들의 얘기에 흔들릴 수만은 없었다. 고민에 고민을 거듭했다. 2019년 11월 점포 계약을 하고 나서 속절없이 세월만 흐르고 있었다.

'그렇다면, 가자.'

마음이 정리되기 시작했다.

'그렇다면 코로나19와 함께 가는 수밖에…'

한참 지나서 나온 '위드(with) 코로나'를 나는 그때 생각했다. 당초 개업 시점이 2개월쯤 지난 시점에 결단을 내렸다.
2020년 4월 5일.
이날을 'D데이'를 결정했고, 세월은 빠르게 흘렀다.

'개업 전야.'

폭풍 전야가 이런 것일까? 전날 저녁, 전쟁에 나서는 장수의 기분을 알 수 있을 것 같았다. 당초 상대는 카페 업계, 그러니까 피 튀기는 시장이었다. 이 시장에서, 이 레드오션에서 살아남기 위해 전쟁에 뛰어들 예정이었다. 하지만 거기에 코로나19라는 거대 상대가 하나 더 나타나 버티고 있었다. 긴장이 커지지 않을 수 없었다. 잠자리에 누워 지난날을 돌이켜봤다. 지난 모든 세월은 어쩌면 내일 하루를 위해 있었던 느낌이 들었다.

～～～ ☕ ～～～～～～～～～～～～～～～～

· 엄마 아빠의 딸로 태어난 것.
· 초등학교 때만 해외 전학을 포함해 4차례의 전학을 하고, 새
  로운 세계에 도전을 이어가야만 했던 것. 그런 도전을 통해 몸

월화수 쉬고 목금토일만 여는 카페

과 마음을 단련해 온 것.

· 한국의 대학을 다니다가 해외 대학으로 옮긴 것.

· 해외에서 확정된 일자리를 걷어차고 한국으로 돌아온 것.

· 찬바람이 휘날리는 제주의 밤거리를 누비면서 경영의 경험을
  쌓아온 것.

· 정부 기관의 지원을 받아내기 위해 사업계획서를 써서 제출하
  고, 많은 심사위원 앞에서 프레젠테이션을 하던 것.

· 문 앞에서 발표 순번을 대기하면서 떨던 것.

제발 사회 경험을 쌓고 나서 창업을 하라면서 설득하시고, 달
래시고, 때로는 겁을 주시던 부모님.

수많은 일들이 떠올랐다. 불을 껐다. 잠을 자려고 하는데 주
르륵 눈물이 흘러내렸다. 코로나19의 기세 속에서도 카페의 문
을 열게 된 것에 대한 기쁨의 눈물이었는지, 아니면 코로나19
때문에 아까운 시간만 보낸 것에 대한 회한의 눈물이었는지.
코로나19의 위세 때문에 망할지도 모른다는 두려움에 의한 눈
물이었는지. 나도 그 눈물의 근원을 알 수 없었다. 하지만 나는
이길 수 있다고 생각했다. 코로나19 바이러스가 아니라 이 세
상 그 어떤 것이 내 앞을 가로막는다고 해도 이길 수 있다고 생
각했다. 눈물이 채 마르기도 전에 잠자리에 들었는지, 눈을 떠
보니 오전 8시였다.

'미친…. 큰일 났네.'

개업 예정 시간이 1시간 남은 상황이었다. 개업 시간 1시간 전까지 깊은 잠을 잘 수 있는 것은 나의 장점이기도 하다. 나는 한 번 잠에 빠지면 정말로 잘 잔다. 그게 오늘날 나의 건강을 유지하게 한 결정적인 비결인지도 모른다.

"아이구, 예리야. 너는 개업 첫날부터 지각하려고 하니?"
"빨리 나가야지!"

여유로운 표정으로 첫 출근 준비를 하고 있는 나와는 대조적으로 엄마 아빠는 불안해서 어쩔 줄 모르겠다는 표정을 지어 보이셨다. 하지만 1인 CEO 윤예리가 누구인가? 나는 미리 준비해 둔 옷을 곱게 입고, 완전군장을 갖춰 집을 나섰고, 개점 시간 20분 전에 정확히 카페에 도착했다.

카페 앞을 쓸고, 카페 안을 쓸고, 창문을 열고…
앞으로 길게 이어질 길고 긴 전쟁은 그렇게 시작이 되었다. 남들이 보면 너무나 평온할 정도로, 조용히.

월화수 쉬고 목금토일만 여는 카페

퍼스트
펭귄이 되다

여기서 잠시 시계를 뒤로 돌려 보겠다. 코로나19는 우리 가족 4명 전원에게 재앙적 상황으로 다가왔다. 결론부터 얘기하면 우리 가족은 견뎠다. 사랑으로 견뎠고, 깡으로 버텼다.

2020년 1월 우리나라에서 코로나19 환자가 발생했을 때 사람들은 이런 말을 했다.

"에이 곧 물러갈 거야."

"전염병으로 죽을 가능성보다 교통사고로 죽을 가능성이 더 높아. 걱정할 것 없어."

심각성을 느끼는 사람이 많지 않았다는 얘기다. 그건 나도 마찬가지였고, 우리 가족도 똑같았다. 처음에 우리에게 코로나19는 남의 일이었다. 그러다가 우리 가족이 코로나19의 심각성을 크게 느끼게 된 일이 하나씩 터졌다. 당시 비정규직으로 근무하던 엄마는 당초 3월 2일 새 직장에 출근할 예정이었다. 어려운 전형 절차를 통과해 기쁜 마음으로 첫 출근을 기다리고 있었다.

'출근일이 연기됐습니다. 출근일이 결정되는 대로 다시 연락드리겠습니다.'

이 한 통의 문자는 '비정규직' 엄마의 가슴에 비수를 꽂았다. 3월 2일만 손꼽아 기다리던 엄마의 상심이 컸다. 나는 무엇보다도 비정규직 노동자의 현실이 서글펐다. 앞에서 언급한 내 카페의 오픈 날짜가 연기되는 사태도 코로나19에 따른 것 아니었던가?

"내일부터 집에서 일을 하게 됐어. 직장에서 확진자가 생겼거든. 재택근무를 하라는데, 걱정이네…."

퇴근한 아빠의 입에서 긴 한숨이 나왔다. 결국, 가족 3명이 집으로 모이는 사태가 이어졌다. '화룡점정(畵龍點睛)'이라고 했던가? 화룡점정은 원래 좋은 상황을 표현할 때 주로 쓰지만, 우리 집에서 벌어진 상황을 역설적으로 표현하는 데는 이보다 더 좋은 단어는 없는 것 같다.

월화수 쉬고 목금토일만 여는 카페

우리 가족이 집으로 모이는 상황에 마지막 점을 찍는 사태가 발생했다. 당시 언니는 영국에서 직장 생활을 하고 있었다.

"영국을 포함한 유럽 지역의 코로나19 확산 사태가 심각합니다."

이런 내용의 보도가 잇따랐다. 영국 현지에 있는 언니가 느끼는 불안감도 불안감이지만, 한국에서 이런 소식을 듣는 엄마 아빠가 느끼는 불안감은 어떻게 표현할 수가 없는 상황이었다.

"무조건 비행기 예약해서 한국으로 와야 해."

언니는 결국, 가장 빠른 비행기 편을 예약해 3일 후 한국행을 결정했다. 언니가 인천공항에 무사히 도착해 집으로 오던 날, 우리 가족은 전원이 버스터미널로 언니를 마중 나갔다. 당시는 외국에서 입국한 사람에게 내려지던 '의무적 자가 격리' 조치가 시행되기 이틀 전이었다. 몇 년 만에 우리 집 자동차의 좌석이 4명으로 꽉 찼다.

'감사합니다. 모두가 무사할 수 있어서.'

모든 가족은 안도의 숨을 내쉬었다.

이튿날 실시한 코로나19 검사에서 언니는 음성 판정을 받았지만, 가족은 이후 2주일간 긴장된 생활을 해야만 했다. 언니와 함께 귀국한 사람이 양성 판정을 받고 고통스러운 나날을 보내고 있었기 때문이다. 언니에게서 언제 증상이 나타날지도 모르는 아슬아슬한 상황이 이어졌지만, 다행히도 그런 일을 발생하지 않았다.

우리 가족 4명은 그렇게 해서 다시 모였다. 2011년 4월 언니가 일본으로 유학 간 이후 처음으로 한국의 우리 집이 처음으로 다시 4명으로 채워진 것이다. 코로나19 덕분에 온 가족이 함께 얼굴을 보며, 함께 밥을 먹으며 생활하게 되었다.

행복했다. 행복해진 것 같았다. 하지만 그 행복은 1주일을 가지 못했다. 글로벌 이산가족 수준으로 흩어져 있던 가족이 하나로 뭉치니, 처음에는 모든 것이 즐겁고, 사랑스러웠다. 하지만 시간이 갈수록 '하나로 뭉친 상황'은 불편해지기 시작했다. 엄마와 언니, 나와 엄마, 아빠와 언니, 아빠와 나. 대결 구도가 생기기 시작했다. 가까운 곳에서 얼굴을 보고, 같은 시간을 보내다 보니 서로 입장이 다른 것이 생겼고, 서로에 대한 기대가 생겼다. 기대는 실망을 낳는다고 했던가? 언성이 높아지는 경우도 빚어졌고, 삐쳐서 한동안 말을 하지 않는 경우도 생겼다.

"가족 간 사랑은 거리가 멀수록 솟아나고, 가까워지면 그 반대의 상황이…."

아빠는 친구들과 전화를 하면서 이런 푸념을 하시기도 했다. 하지만 아빠의 얼굴 표정은 늘 밝았다. 비록 가족이 함께 시간을 보내며 싸우고 삐치는 경우가 늘어나고 있지만, 가족 모두가 건강하게 한 곳에서 지내고 있는 데 대해 가장으로서 안심하고 있는 듯했다.

월화수 쉬고 목금토일만 여는 카페

우리 가족의 '코로나19 결합'은 그렇게 오래가지 않았다. 먼저 그 신호탄을 쏜 것은 나였다. 다시 말하지만, 나는 개업을 더 이상 미룰 수 없다고 판단했다. 이런 상황을 이겨 내는 것이 진정한 사업가이고, 원래 의미의 '1인 CEO 윤예리'라고 나는 생각했다.

4월 5일, 드디어 나는 집을 나와 허허벌판으로 나섰다. 카페 리브리베의 문을 열었다. 영어를 쓰는 나라에서는 '최초의 펭귄(first penguin)'이라는 관용어를 자주 쓴다고 한다. 펭귄은 뒤뚱뒤뚱 떼를 지어 우르르 바다 앞으로 모여든다. 하지만 정작 바다에 뛰어들기 직전에는 일제히 제자리걸음을 하면서 머뭇거린다.

왜? 바닷속에는 좋아하는 먹잇감도 많지만, 물개나 바다표범 같은 무서운 천적도 많다는 두려움을 갖기 때문이다. 게다가 높은 얼음 위에서 아래로 뛰어내리기란 쉽지 않다. 이 순간에 머뭇거리고 있는 펭귄들 중에는 그 높은 얼음 위에서, 그 불확실한 바다를 향해 맨 먼저 뛰어내리는 용감한 펭귄이 있다. 그 이후, 머뭇거리던 다른 펭귄들도 일제히 그 뒤를 따라 바다로 뛰어든다.

'불확실하다. 의심이 간다. 그래도 일단 저질러야 한다. 삶은 저지름의 연속이다. 저지르지 않고 얻을 수 있는 것은 하나도 없다. 게다가 나는 젊다.'

코로나19 사태가 터지고 급속히 확산되던 2020년 4월 5일 나는 우리 가족의 '최초의 펭귄'이었다. 어쩌면 창업을 준비해 오던, 그리고 개업일을 따지던 많은 사람 중에서 내가 '최초의 펭귄'이었는지 모른다. 어쨌든 나는 바다로 뛰어들었고, '카페 리브리베'라는 간판을 달고 길고 긴 전투를 시작했다. 그리고 '1인 CEO 윤예리'가 이 땅에 등장한다.

최초의 펭귄, 윤예리의 덕분이었을까? 우리 가족들도 잇따라 바다로 뛰어들기 시작했다. 아빠도 3주간의 재택근무를 마치고 다시 사무실이라는 자신의 바다로 갔다. 코로나19가 일시적으로 진정이 되던 시점인 5월, 엄마도 그렇게도 원하시던 곳에서 다시 일을 할 수 있게 되었다. 엄마의 바다로 풍덩 뛰어든 것이다. 엄마는 이후 각종 자격증을 취득하는 등 온갖 노력 끝에 안정된 '정규직' 직장을 얻었다. 언니 역시 그동안 갈고닦은 실력을 발휘해 취업 전선을 뚫었다. 언니가 첫 출근을 하게 된 날은 7월 1일이다. 이렇게 해서 우리 가족 4명은 모두 바다로 뛰어들었고, 나름대로 살아남기 위해 부지런히 헤엄을 쳤고, 지금도 치고 있다. 우리 가족 전원이 코로나19 바이러스가 기세를 부리는 세상으로 다시 뛰어드는 데 걸린 시간은 무려 4개월이 넘었다.

'장하다, 우리 가족!'

2020년 4월 5일. 그날을 어찌 잊을 수 있을까? 내가 이 세상과의 전투를 개시한 그날, 코로나19와의 정면 대결을 선언한 그날.

사실 1인 CEO 윤예리에게 있어서 개업까지의 기간은 '인고의 세월'이었다. '참고 또 참는 시간'이었다는 얘기다. 카페 리브리베가 들어갈 점포를 계약한 것은 2019년 11월. 코로나19 사태 같은 것은 꿈에도 상상할 수 없던 시기였다. 내부 인테리어를 하고, 기기와 집기를 들여와 2020년 1~2월에 문을 연다는 것이 목표였다. 하지만 2020년 들어 코로나19 사태가 터졌고, 그 여파는 거대한 쓰나미로 변해 카페 리브리베의 개업일을 자꾸만 뒤로 밀어냈다. 수입은 제로(0)인 상태에서 월세와 공과금만 나가는 상황이 이어졌다. 출발선 앞에 거대한 산이 하나 생겨난 느낌이었다. 그 산을 간신히 넘어 문을 연 그날.

2020년 4월 5일.

그날부터 1인 CEO 윤예리가 코로나19와 벌인 사투, 이 세상과 벌인 '전쟁 이야기'가 지금부터 펼쳐진다. 아니다. 전쟁 이야기가 아닐 수도 있다. 그건 '나의 삶', '나의 만족', '나의 행복'을 향한 몸부림이었는지도 모른다. 아니 MZ세대가 '가장 MZ세대 스럽게' 살아남기 위한 몸부림이라고 해도 좋겠다.

자 그럼, 카페 리브리베의 '탄생 스토리'부터 들어 보자.

네이밍:
가장 독특한 이름을 지어라

시계를 다시 2019년으로 돌린다.

'카페 이름을 뭐라고 하지?'

카페를 열기로 결심한 뒤 내 머릿속을 떠나지 않은 것은 이름이었다. 나는 이전부터 어떤 상품을 출시하거나 서비스를 제공하기에 앞서 먼저 네이밍을 하는 것이 좋다고 생각해 왔다. 내가 알기로는 어떤 상품이나 서비스를 기획할 때 상품이나 서비스를 먼저 확정한 뒤 이후에 네이밍을 하는 경우도 많다. 하지만 나는 네이밍을 먼저 한 이후에 상품이나 서비스를 기획하는 편이 더욱 낫겠다고 생각했다. 왜냐하면, 네이밍의 결과물인 브랜드(상호)에는 경영자의 철학, 경영자가 추구하는 사업의 이념이 담기기 때문이다.

미리 말하지만, 나는 무조건 돈을 벌기 위해 사업을 시작하는 것이 아니다. 사업을 하는 나는 물론, 내 사업의 고객, 더 나아가서는 내 사업의 파트너들까지 행복해지는 것을 꿈꾸고 있다. 나는 나의 발전을 꿈꾸지만, 동시에 나는 내가 살아가는 지역, 내가 일을 하는 골목길의 발전도 꿈꾼다. 특히 나는 내가 살아가는 골목길의 가치를 우리 모두가 공유하고, 나눌 수 있을 때 진정한 행복이 찾아온다고 믿는다.

모든 것의 궁극적인 목표는 '행복'이다. 그렇지만 나는 우리 모두가 '나의 행복', '스스로의 행복'을 우선으로 해야 한다고 생각한다. 내가 행복해야 고객도 행복하고 파트너가 행복하고, 지역과 골목을 지키는 모든 사람이 행복해진다는 것이 나의 소신이다. 내가 문을 열고자 하는 카페의 이름에서부터 행복을 추구할 수는 없을까?

'행복'

하지만 너무나 막연했다. 모두에게 행복을 가져다줄 수 있는 이름은 무엇인가? 일단 사업이 잘 돼야 행복해지겠지? 일단 손님이 나의 카페로 들어와야만 행복을 느낄 수 있겠지? 그렇다면 사람을 많이 끌어모을 수 있는 이름이 필요하다. 사람을 끌어모을 수 있고, 사업을 번창시킬 수 있는 이름은 무엇일까?

끊임없는 자문자답. 지하철을 타도, 버스를 타도, 커피를 마셔도, 술을 마셔도 떠나지 않았다. 우선 떠오른 것은 '독특함'이었다. 다른 카페와 차별화될 수 있는 독특성이 필요하다고 생각했다. 그다음은 '편안함'이었다. 그렇다면 편안함은 무엇일까?

질문의 연속이었다. 부르기 좋은 것, 느낌이 좋은 것…. 그래, 여기서부터 시작이야. 이름 짓기 작업은 본격적으로 시작됐다. 도서관에 갔다. 우선 사전부터 찾았다. 처음에 손을 댄 것은 국어사전이었다.

'순우리말 이름'

한글날을 앞두고 TV나 신문을 보면, 우리말로 된 아름다운 간판, 아름다운 브랜드 등에 대한 기사가 쏟아지곤 한다. 처음에는 우리말 이름 짓기에 도전했는데, 거기에는 사연이 하나 있다.

내 이름 윤예리. '윤'은 성이고, '예리'는 이름이다. 내가 태어난 그해, 지금으로부터 스물 몇 해 전 이야기다. 물론 이 얘기는 나중에 부모님께 들은 것이다. 아빠는 언니가 태어날 때도 그랬고, 내가 태어날 때도 그랬다고 했다. 아빠는 국어사전과 한글 이름 짓기 책을 뒤져 나와 언니의 이름을 직접 지으셨다. 그래서 태어난 것이 예리다. 순 한글 이름이다. 아빠의 설명으로는 '예쁘고 착하리'라는 말에서 '예'와 '리'를 땄다고 했다. 이름은 그 사람의 외모와 성격을 규정하는 것일까? 아니면 말고.

그래, 나는 이름대로 컸다고 나를 분석한다. 나를 아는 사람은 이 분석에 이의를 제기할 수도 있겠다. '네가 예쁘니?'라고 물으면, 나는 '그렇다'고 대답한다. 물론 제삼자까지 객관적인 입장에서 '그렇다'고 대답할지는 나도 모른다. 그건 전적으로 나를 보는 사람의 판단이다. 나를 아는 여러분, 나를 알게 될 여러분. 하지만 중요한 게 있다. 나는 나를 예쁘다고 생각한다. 내가 나를 예쁘다고 생각하는 거, 그건 죄가 아니다.

'네가 착하다고?'

이렇게 질문할 사람도 있다고 본다. 나 때문에 자주 속을 썩는 부모님부터 내심 '너는 안 착해'라고 말씀하실지 모른다. 하지만 나는 나를 착하다고 생각한다. 나는 남에게 폐를 끼치는 것을 아주 싫어한다. 남에게 부담을 주는 것도 무척 꺼린다. 그건 나의 배려이기도 하고, 나의 삶의 법칙이기도 하다.

나는 그런 나의 마음을 근거로 나를 착하다고 생각한다. 남에게 폐를 끼치지 않고, 남에게 부담을 주지 않는 마음. 그 마음을 늘 간직하고 살아가는 것. 그게 바로 나의 착함 아닌가? 결과적으로 아빠의 '사전 찾아 딸내미 이름 짓기'는 성공한 셈이다. 본인이 이름대로 살아간다는데, 누가 뭐라고 하겠는가? 그런데 가끔 아빠는 '너는 너무 예리해'라면서, 내 이름에 들어 있는 또 다른 의미를 찾아내기도 한다. 사실 '예리함'은 아빠가 내 이름을 지을 때 고려한 것은 아니라고 한다. 그렇다면 나는 예리할까?

'나는 예리한가?'

가끔 나는 나에게 이런 질문을 던지곤 한다. 나의 답은 '그렇다'다. 하지만 제삼자가 어떻게 생각하는지 나는 모른다. 우리 아빠 빼고. 도서관에 가서 우선 국어사전을 뒤졌다. 그 옛날 아빠가 내 이름을 지을 때 사용한 《한글이름짓기사전》이 도서관에도 있었다. 이 사전은 사실 지금 우리 집 서재에도 있다. 카페 이름으로 걸맞을 것 같은 다양한 후보작을 만들었다. 그 수는 무려 50여 개에 이르렀다. 하지만 나의 결론은 '아니다'였다. 이유는 내가 추구해 온 카페의 콘셉트와 한글 이름을 일치시키기가 어려웠다. 나는 모든 면에서 다른 카페를 만들고자 했다.

'지금까지 그 어디에도 없던 카페'

그게 나의 콘셉트였다. 하지만 내가 만든 한글 이름은 어딘가에서 본 것 같은 것들뿐이었다. 한글 이름을 붙이고 나면, 서울 인사동이나 전주 한옥마을 어디에선가 본 것 같은 느낌, 그런 느낌이 스멀스멀 기어 올라왔다. 기존 카페와의 차별화가 무엇보다 중요한데, 한글 이름으로의 차별화는 쉽지 않겠다는 생각이 들었다. 그래서 한글 이름은 접었다. 그와 동시에 한자가 들어간 우리말 이름도 나의 콘셉트에는 맞지 않는다고 나는 판단했다. 유력한 대안인 '한글 이름'이 네이밍 기획에서 사라지고 나니 당황스러웠다. 텅 빈 곳에 혼자 던져진 느낌이었다.

'이름 짓기부터 막히네…'

월화수 쉬고 목금토일만 여는 카페

무력감이 엄습했다. 주변에 소문을 냈다. 가족, 친구, 후배 등의 의견을 접수하기 시작했다. 하지만 들어오는 이름은 대부분 뻔한 것들이었다. 역시 어디선가 들어본 느낌, 본 느낌이 들었다.

'원점에서 다시 시작하자.'

여러 가지 생각이 교차했다. 다시 도서관도 찾았고, 서점도 돌았다.

'낯설게 하기'

차별화의 핵심은 낯설게 하기였다. 나는 그렇게 생각했다. 뻔하지 않은 카페를 만들려면, '낯선 이름'이 필요하다고 생각했다. 언어에서부터 차별화를 해 볼까?

일단 우리에게 너무나 익숙한 언어인 영어도 버리기로 했다. 독일어, 러시아어, 스페인어, 포르투갈어 등 여러 언어의 사전을 모아 놓고 작업에 들어갔다. 느낌이 좋으면서 부르기도 좋고, 거기에다가 뜻까지 좋다면? 많은 후보가 부상했다. 50개 이상의 후보가 추려졌다. 최종 후보를 선택할 때는 친한 언니의 선택이 결정적인 역할을 했다.

그걸 놓고, 내 나름의 소비자 반응 조사를 실시했다. 이건 이래서 안 되고, 저건 저래서 안 되고…. 역시 다양한 의견들이 쏟아졌다. 내가 마음에 둔 이름을 남들도 모두 좋다고 하는 경우는 거의 없었다. 주변 사람의 70% 정도가 'OK'라고 판단해 준 이름 후보도 있었지만, 그건 내 마음에 쏙 들지는 않았다. 결론은 '내가 짓자'였다. 남에게 물어보면, 역시 뻔한 결과가 나왔다.

이런 우여곡절 끝에 나온 것이 바로 'LIEB LIEBE'다. '리브리베'는 독일어에서 왔다. 독일어로 LIEB는 '사랑스러운', '사랑하는' 등의 뜻을 갖는다. 'LIEBE'는 '사랑', '박애', '애정' 등의 의미를 갖고 있다. 내가 주목한 것은 두 단어의 이런 의미도 의미지만, 발음이었다. 오리지널 독일어 발음과는 다르지만, 나는 이 두 단어를 '리브리베'로 읽는 것이 좋겠다고 판단하고 그걸 내 카페의 이름으로 정했다. 거기에는 몇 가지 이유가 있다. 일단 '리'와 '리'가 반복되는 과정에서 나타나는 '세련됨'이 좋았다. 그건 아마도 내 이름에 있는 '리'에 대한 나도 모르는 애착인지도 모른다. 하지만 그런 나의 애착이 아니더라도, 일단 부르기 좋고 발음이 좋다는 평가가 나왔다. 무엇보다, 나는 'LIEB LIEBE(리브리베)'의 전체적인 느낌이 아주 좋았다. 그 세련됨은 내가 추구해 온 콘셉트와 일치한다는 판단이 들었다. 여기서 내가 'LIEB LIEBE(리브리베)'라는 안으로 결정하게 된

　　　　　월화수 쉬고 목금토일만 여는 카페

데는 남들이 이해하기 어려운 나만의 이유가 하나 있다. 그건 '글로벌 이미지'다.

앞에서도 이야기를 했지만, 내 이름은 예리다. 그런데 '예쁘고 착하리'라는 단어에서 나온 이 이름이 글로벌 세계에서 먹혔다. 내가 일본에 유학을 하는 동안 많은 외국인 친구들과 교류를 하는 과정에서 '예리'라는 이름은 일본인에게도, 미국인에게도, 중국인에게도, 영국인에게도 먹혔다. 부르기도 좋고, 이미지도 좋고 세련됐다는 평가를 받았다. 아빠의 한글 이름 짓기가 국제무대에서도 통한 것이다.

또 하나의 예가 있다. 대전에는 '타슈'라는 게 있다. 대전 지역 공영 자전거의 이름인데, 이게 지역(충청도) 사투리를 이용한 네이밍의 성공 사례로 아주 유명하다. '타세요'의 충청도 사투리인 '타슈'를 공영 자전거의 이름으로 활용했는데, 자전거를 적극적으로 타라는 의미를 충실하게 전달하면서도 글로벌한 이미지까지 있다는 평가를 받았다는 얘기를 들은 적이 있다. 한 언론에서는 '타슈'라는 이름을 들으면 우즈베키스탄의 수도 타슈켄트가 생각난다면서, 지역성(충청도 이미지)과 국제성(글로벌 이미지)를 동시에 살린 수작이라는 평가를 내리기도 했다고 한다.

결론을 이야기하면, 'LIEB LIEBE(리브 리베)'는 내 마음속의 꽤 높은 기준을 모두 통과한 수작이라고 할 수 있다. 우선 내가 처음부터 생각한 기준인 '독특함'에서 100점 만점에 99점을 주고 싶었다. 내가 찾을 수 있는 한도 안에서는 같은 이름의 카페는 없다. 그리고, 독일어를 카페 이름으로 활용한 경우도 많지 않다. 편안함에서는 어떤가? 나는 이 부분에서는 95점을 주고 싶다. '리'와 '리'가 반복되면서 발음하기 편안한 점, '사랑스러운', '사랑하는', '사랑', '박애', '애정' 등의 의미가 주는 편안함 등이 만족스럽다. 그렇다면, -5점은 뭔가? 그건 기억하기가 쉽지 않다는 일부 고객, 특히 40대 이상 고객의 지적 때문이다. 그럴 수 있다. 하지만, 그건 문제가 되지 않는다. 내 카페의 타깃 고객층은 20~30대니까.

'리브리베'라는 이름을 결정하고 나자, 행복감이 느껴졌다. 네이밍에서부터 행복을 찾아간 것은 지금 생각하면 그것도 행운이라는 생각이든다.

TIP

네이밍은 상품이나 서비스를 상징하고 대표한다. 좋은 이름(브랜드)은 창업자의 가치관을 대변하고, 상품이나 서비스의 가치를 표현한다. 좋은 브랜드는 상품이나 서비스의 핵심적인 가치를 전달하는 기능을 한다. 그리고 거기에 담겨 있는 이야기는 고객의 관심을 끌어모으고, 기억의 시간을 늘려준다. 브랜드는 고객의 눈길을 사로잡아야 하지만, 그 이전에 창업자의 마음을 사로잡아야 한다. 네이밍은 사업의, 창업의 첫걸음이자 시작이다.

월화수 쉬고 목금토일만 여는 카페

카페 리브리베는
왜 그 골목길에 생겼을까?

'어디에 카페를 열 것인가?'

01 문제는 사업을 시작하기 전에는 물론 지금도 나에게 늘 숙제다. '앞으로 2호점을 낸다면, 어디에 낼 것인가?' 이 생각을 가끔 하곤 한다. '현재 점포의 위치는 진정으로 좋은 가?', '1호점 위치를 정할 당시 반성할 점은 없는가?' 별다른 자본이 없이 사업에 착수한 나는 늘 초기 자본의 한계 속에서 모든 것을 판단해야만 했다.

처음 사업 계획서를 만들 때 내가 생각한 위치는 대학가 뒷골목이었다. 대학가는 기본적으로 내가 겨냥하는 소비자, 다시 말하면 '타깃 소비자'가 많은 곳이다. 20~30대 젊은 층을 노리고 사업에 나선 내 입장에서 대학가는 늘 '군침이 도는 상권'이었다. 하지만 기본적인 상권이 형성돼 있는 대학가는 임대료가 비싸다. 비싼 임대료는 초기 자본의 규모상 나에게 최고의 장벽이다. 그래서 대안으로 생각한 것이 대학가 대로변이 아닌 뒷골목이었다. 임대료가 상대적으로 저렴하지만, 잠재 고객은 많이 있다는 판단이 섰기 때문이다. 하지만 대학가 뒷골목의 점포도 1층인 경우 임대료가 만만치 않게 비쌌다.

'그러면 2층 또는 3층으로 올라갈까?'

적은 초기 자본은 사람의 마음을 이렇게 자꾸만 후퇴시켰다.

'2층이나 3층에 가게를 내도 맛있는 메뉴를 만들고 최상의 서비스를 제공한다면 승산이 있어.'

이런 말을 혼자서 되씹기 일쑤였다. 하지만 이는 '싼 곳을 찾아가자', '가격에 맞는 곳을 찾아가자'를 다른 말로 바꾼 것이나 마찬가지였다. 결국은 도망가자는 얘기였다. '도망치기'는 멈춰지지 않았다. 우선 가게를 내는 게 중요하다고 생각했기 때문이다.

자전거를 타고 ○○대학, △△대학 등 대전의 대표적인 대학가 상권을 거의 돌았다. 하지만 마음에 드는 곳은 없었다. 대학가의 대로변도 아닌 뒷골목의 2층, 3층 점포에서 영업을 해서 손님을 끌어모으는 것은 무리라는 판단이 섰다. 우선 내가 생각해온 콘셉트의 카페가 그런 곳에서 영업을 하는 경우는 많지 않았다. 적어도 내가 돌아다니는 과정에서 그런 곳은 보기 어려웠다.

'SNS를 통해 홍보를 하면 그런 곳에 있는 카페로도 사람이 올 수 있을 거야.'

하지만 이것은 적은 초기 자본과의 타협을 위한 외침이었다. 그래서 정밀 시장조사에 나섰다. 우선 주변 사람들을 대상으로 대학가 뒷골목 2층, 3층에 있는 카페를 가겠느냐는 질문을 던졌다.

"아니야, 그런 곳에 들르기는 어려워."
"카페가 뭐니, 편안하게 가서 편안하게 즐겨야 하는데, 뭐하러 뒷골목까지, 그것도 2층이나 3층까지 찾아다니니?"

반응은 차가웠다. 주변에서 알고 지내는 카페 경영주들에게도 물어봤다. 그들의 어드바이스 역시 비슷했다. 자신들도 처음에 그런 고민을 하지 않은 게 아니라고 했다. 실제로 그런 곳에 점포를 냈다가 실패한 사람도 있다는 말을 전해주기도 했다. 결국, 물러섰다.

'돈에 맞춰 나의 콘셉트를 포기하는 것은 안 된다.'

그게 내 결론이었다. 어느 정도 고객층이 형성돼 있는 상권, 유동 인구가 어느 정도 확보돼 있는 상권이 필요했다. 그리고 대학가를 고집하겠다는 생각도 바꿨다. 대학가는 온갖 카페로 과포화 상태에 있다는 사실도 알게 됐다.

'젊은 소비자를 확보할 수 있는 상권을 찾아라.'

내가 나에게 내린 새로운 미션이었다. 대학가는 아니지만, 대학생을 비롯한 젊은이가 많이 몰리는 곳. 나는 그런 곳을 찾기로 했다. 그래서 다시 점포 헌팅에 나섰다. 그런데 그때 새로운 기준이 하나 제시됐다.

"카페는 장시간 노동과의 싸움이야. 집과 가까운 곳에서 사업을 하는 게 중요해."

잘 알고 지내는 카페 사장님의 이 충고가 새로운 기준으로 끼어들었다. 그 사장님은 자신이 운영하는 카페와 걸어서 5분 거리에 있는 아파트에서 출퇴근하는 상황이었다.

"오전 9시부터 오후 9시까지 12시간 노동을 해야 한다고 생각해봐. 그거 장난 아니다. 출퇴근으로 또 1~2시간을 소비하게 된다면, 몸이 버텨내지 못할 거야."

월화수 쉬고 목금토일만 여는 카페

지인 카페 사장님의 이 지적은 나중에 일을 해 보니 너무나 정확한 것이었다. 많은 다른 사장님들도 이구동성으로 그런 충고를 했다.

'집과 가까운 곳'

결국 이 조건이 하나 더 추가됐다. 젊은 유동 인구가 많으면서 우리 집과 가까운 곳이 내가 1호 점포를 낼 곳의 기준으로 정해진 것이다. 작업은 다시 시작됐다. 우리 집을 기준으로 3km 이내를 사정권으로 뒀다. 그 이외 지역은 배제하기로 했다. 가장 유력한 곳이 2곳 떠올랐다. 한 곳은 내가 사는 아파트 일대의 상권이었다. 최근 새롭게 조성된 곳인 만큼 유동 인구, 특히 젊은 유동 인구가 예상외로 많았다. 하지만 부동산중개사무소에 나가 알아보다가 나는 기절할 뻔했다. 임대료가 내가 마련할 수 있는 것보다 4~5배 정도 비쌌다. '1인 점포'를 생각하고 있는 내가 감당할 수 있는 규모가 아니었다.

'포기'

마음속에 그런 도장을 꾹 눌러 찍었다. 다음에 생각한 것이 사립대인 ○○대학 인근이었다. 대학이 신도시 인근에 있기 때문에 거리는 깨끗했고, 더구나 평화로워 보이기까지 했다. 멋진 카페를 낼 수 있는 곳이라는 생각이 들었다. 하지만 유동 인구는 생각보다 많지 않았다. 이 대학 앞에는 독립적인 상가가 아직은 덜 형성돼 있었다. 이 대학 학생들은 인근 국립대학의 대학가에서 시간을 보내는 경우가 많다는 조사 결과도 얻었다. 게다가 임대료가 국립대인 ○○대학 수준으로 비쌌다.

'기각'

'기각' 판정을 내린 2곳 모두 집에서 1~2km 떨어진 곳에 위치해 있고 젊은 유동 인구를 어느 정도 확보할 수 있는 곳이었지만, 당초 정한 기준에는 미달했다.

'유성온천역 주변'

물론 처음부터 이곳을 생각하지 않은 것은 아니었다. 내가 살고 있는 아파트 주변에서 여기보다 상권이 살아 있는 곳은 없다. 하지만 처음부터 여기는 마음을 접었었다. 임대료가 내가 부담하기에는 턱없이 비싼 곳이라는 생각이 들었기 때문이다.

그러던 어느 날, 친구를 만나기 위해 유성시외버스터미널에 갔다. 거기서 의외의 광경이 펼쳐지고 있었다. 시외버스가 수시로 드나들고 있는데 타고 내리는 사람 중 상당수가 젊은이들이었다. 누가 봐도 대학생 같은 사람이 많았다. 당시는 코로나 19 사태가 터지기 전이었다.

월화수 쉬고 목금토일만 여는 카페

'어, 여기 괜찮은데!'

　친구를 만나고 와서 본격적인 조사에 들어갔다. 이 터미널을 하루에 이용하는 시외버스는 25개 노선에 200여 대에 이르는 것으로 나타났다. 하루 이용객만 1,900여 명에 이른다는 자료도 있었다. 게다가 이 터미널을 이용하는 사람의 상당수가 대학생이라는 사실을 알게 되었다. 국립 ○○대와 사립 ○○대가 인근에 있고, 공주・청주 등 외지의 대학에 다니는 사람도 이 터미널을 이용하는 경우가 많았다.

'어, 여기 진짜 괜찮은데?'

　나의 관심 지수가 폭발하기 시작했다.

'대학가는 아닌데, 대학가의 특장을 누릴 수 있는 곳'

　나의 시장조사 결과는 그랬다.
　우리 집에서 2.5km 정도 떨어진 곳이기 때문에 출퇴근 조건도 만족스러웠다. 걸어 가면 30분 정도 걸리고, 자전거를 타면 15분이면 갈 수 있는 곳이었다. 집에서 시내버스 노선도 있었다. 시내버스로는 10분이면 갈 수 있는 곳이었다.

'그래 이곳이야.'

본격적인 작업에 착수했다. 터미널 바로 인근에는 카페가 많지 않았다. 대신 지하철역 쪽으로 가면 유명한 스ㅇ벅ㅇ가 있었고, 뒷골목 쪽에도 몇 개의 크고 작은 카페가 있었다.

'혹시 빈 점포가 있을까?'

주변 부동산중개사무소를 뒤지기 시작했다. 여러 개의 후보가 나타났다. 고급 상권이 아니기 때문에 임대료가 비싼 편은 아니었지만, 터미널 인근 대로변의 경우는 내가 감당하기 어려운 임대료를 요구했다.

'터미널과 가까우면서 조금 골목으로 들어가면 어떨까?' 이런 생각으로 터미널 앞 대로변에서 골목길로 조금 들어간 지점의 점포를 찾기로 했다. 이 시점에서의 핵심 전략이 확립됐다. 그건 바로 '점포의 다운사이징(크기 줄이기)'이었다.

'임대료가 비싸면 크기를 줄이자.'

위치가 마음에 들었기 때문에 무조건 이 일대에서 점포를 열고 싶었다. 당초 20평 정도로 생각했던 점포 크기를 10평 수준까지 줄여서 가게를 알아보기 시작했다. 10건 정도의 점포를 봤지만, 마음에 드는 곳이 없었다.

"점포가 좁기는 하지만, 위치는 정말 좋아요. 임대료도 저렴한 편이고요. 한번 가 보실래요?"

월화수 쉬고 목금토일만 여는 카페

몸이 지칠 대로 지쳐 있는 상황이어서 거의 포기 상황에 접어든 시점이었다. 한 부동산중개업소 사장님의 제안이 나왔다.

'오늘은 이게 마지막이라고 생각하고 그냥 한 번 가 보자.'

부동산중개업소 사장님의 뒤를 따라가던 나의 눈의 커졌다. 사장님이 추천 물건이라고 소개해 주신 건물에서 유성시외버스터미널이 보였기 때문이다. 대로변은 아니지만, 대로변에서 골목 쪽으로 약 10m 정도 들어간 곳이었다.

'그래, 됐어.'

가슴이 떨렸다. 머리 뒤쪽에서 짜르르 전기가 흐르는 것 같았다. 운명의 상대를 만났다는 느낌? 한 여성 사장님이 식당(이전에는 이자카야)를 열어 운영하고 계신 곳이었는데, 건강 문제로 문을 닫게 됐다는 설명이 있었다.

'임대료만 맞으면 여기로 하자.'

내 마음은 이미 기울고 있었다.

"월 임대료는 ○○만 원이고, 보증금은 ○천만 원인데요. 권리금이 ○백만 원 정도 필요해요. 음식점을 운영하시는 분이 설치하신 에어컨 등을 인수하는 조건이고요."

카페 리브리베는 왜 그 골목길에 생겼을까?

대부분의 조건은 괜찮았다. 하지만 문제는 권리금이었다. 사실 그 점포에서 내가 인수하고 싶은 시설이나 기자재는 하나도 없었다. 하지만 당시 경영주는 자신의 초기 투자 비용을 권리금으로 받아야만 가게를 내놓을 수 있다는 입장을 강하게 갖고 있었다.

'줄다리기가 필요하겠어.'

나는 지인들과 상의한 뒤 권리금을 절반으로 줄여 주는 경우 계약을 하겠다는 뜻을 통보하고 줄다리기에 들어갔다. 1주일쯤 지나 부동산중개업소 사장님으로부터 연락이 왔다.

"현재 사장님이 좋다고 합니다."

나는 쾌재를 불렀다. 나는 결국 에어컨과 일부 시설을 인수하는 조건으로 이 점포를 내 사업의 출발지, 내 사업의 메카로 정했다. 이렇게 해서 1인 CEO 윤예리의 보금자리는 대전 유성에 있는 작은 골목길의 초입으로 들어가게 됐다.

그런데 거리가 너무 정겹다. 오가는 사람은 나와 비슷한 서민이다. 한결같이 작고 소소한 행복을 꿈꾸는 사람들 같았다.

'그래 저분들과 함께 살아가는 거야. 저분들과 함께 견뎌 내는 거야. 그리고 이 골목, 이 지역을 지켜 내는 거야.'

월화수 쉬고 목금토일만 여는 카페

나의 카페 리브리베가 들어설 거리를, 골목을 한참 바라보고 있는데 이런 생각이 들었다.

'이 지역, 이 골목길을 나의 힘으로, 나와 같은 일이나 비슷한 일을 하는 주변 분들과 함께 키워 나가는 거야. 그래서 지금보다 더 좋은 골목, 지금보다 더 품격 있는 지역으로 만들어 가는 거야.'

'비상시국'에는
'비상 경영 계획'이 필요했다

아빠는 이중적이다. 내가 사업을 준비할 때, 겉으로는 나의 사업을 적극적으로 후원하는 듯한 발언을 자주 했다. 어떤 때는 어린 나이에 사업하느라 얼마나 힘이 드느냐면서 안아 주시기까지 했다. 하지만 본심은 그게 아닌 것으로 의심되는 경우가 아주 많았다.

"재앙이야, 재앙. 내 자식이 사업한다고 돌아다니는 상황은 상상도 해 본 적이 없어."

집에 친구 부부를 초대해 놓고, 술자리를 하면서 이렇게 떠드시는 아빠를 의도하지 않게 본 적이 있다. 기가 막혔다. 아빠의 하소연은 더 이어졌다.

"아니, 딱 3년만 직장 생활을 하다가 사업을 해도 늦지 않다면서 내가 빌기도 했거든. 도대체 내 얘기는 듣지도 않아."

아빠 친구는 아무런 대꾸도 하지 않았다.

"내가 직장 생활을 하게 되면 차도 사 준다고 설득했는데, 도대체 귓가로도 들으려고 하지 않아. 고집이 얼마나 센지…."

아빠의 말은 모두 사실이었다. 내가 일본에서 취업에 성공하고도, 예정된 회사를 버리고 사업의 길로 들어선다고 할 때부터 아빠는 크게 실망하는 모습을 보이셨다. 특히 아빠는 어차피 일본에서 유학을 한 만큼, 일본 기업에서 사회 경험을 쌓고 귀국하는 것이 좋다는 말씀을 자주 하셨다. 내가 일본 기업을 포기하고 한국으로 돌아갈 때, 아빠의 반대는 정말로 심했다. 아빠는 절대로 인정할 수 없다면서, 일본에 남아서 사회 경험을 쌓을 것을 집요하게 요구하셨다. 아빠의 너무나도 완강한 생각을 꺾기 위해 나는 거짓말까지 해야만 했다.

"지진이 너무 무서워…. 일본에서 더 이상은 살기 싫어."

과장된 말이기는 했지만, 엄밀하게 말하면 거짓말은 아니었다. 나는 일본에서 초등학교에 다닐 때 진도 4~5의 지진을 몇 번 경험한 적이 있는데, 그때마다 엄청난 공포감을 느꼈다. 그때 생긴 트라우마는 좀처럼 해소되지 않았다. 일본에서 대학에 다닐 때는 지진이 나서 엉엉 운 적도 있다. 물론 내가 일본에서 사회생활을 하기 싫을 만큼 지진이 무서운 것은 아니다. 하지만 나는 그 카드를 아빠에게 꺼내 들었다. 솔직히 말하면, 자식을 걱정하는 부모의 마음을 이용하려는 나의 술책이었다. 나의 술책은 바로 먹혔다. 아빠는 '지진 트라우마'를 호소하는 나에게 더 이상 일본 생활을 강요하지 않았다.

지금 생각해 보면 기쁘면서도 슬픈 장면이다. 다시 회상하기도 싫다. 다 커서 꾀병을 한 셈이기 때문이다. 그렇게 해서 대한해협을 건너오는 데 성공했고, 나의 사업 프로젝트는 출발선을 그을 수 있게 되었다. 한국으로 돌아와 사업 계획을 설명하자, 엄마 아빠는 거의 기절할 듯한 모습을 보였다. 그리고 나서 온갖 회유를 했다. 한국에서도 충분히 취직을 할 수 있는 만큼, 일자리부터 알아보자는 것이 핵심이었다. 앞에서 이야기한 '자동차를 사 주겠다는 약속'도 이때 나왔다. 직장 생활을 하면 차까지 사 주시겠다는 것이었다. 그러나 나의 고집은 차 한 대에 물러설 만한 것이 아니었다.

1인 CEO 윤예리, 카페 리브리베는 이런 아픔, 이런 버팀 속에서 태어났다. 어쨌거나 리브리베는 이 세상에 커다란 '고고지성(呱呱之聲)'을 내지르면서 태어났다. 코로나19가 세상을 뒤덮기 시작한 시기였다. 거리를 나다니는 사람도 현저하게 감소했다.

"이런 때는 우선 '개업발'을 기대해 봐야 해!"

주변 사람들에게 알려 그들의 발길을 잇는 방법으로 손님을 모으는 수밖에 없다는 얘기였다. 이건 나의 큰 고민이었다. 나는 원래부터 개업발은 기대하지 않기로 했었다. 친지나 주변사람에 의존한 개업 초기의 판매고는 아무런 의미도 없다고 생각했다. 그래서 개업발에는 매달리지 않겠다는 생각을 하고 있었다. 개업발에 기대면, 사업이 처음부터 의존적으로 변해 생존력을 잃을 것이라는 생각도 하고 있었다. 주변에서 보험회사에 들어가 친지를 대상으로 보험을 몇 건 팔다가 회사를 그만두는 사람도 가끔 봤는데, 이런 '친지 의존 장사'도 나는 부정해왔다.

'한 번 내 카페의 커피를 마셔본 손님은 반드시 다시 찾아올 수 있도록 커피의 맛을 최고로 올릴 거야.'

'순수하게 나의 힘으로 진행한 홍보의 결과로써 손님을 끌어야지.'

'손님의 관심을 끌 수 있는 매력 포인트를 잔뜩 갖춰 놔야지.'

'카페 리브리베의 편안한 분위기 때문에 손님들이 다시 찾아오도록 해야지.'

내 마음은 이런 의욕으로 가득 차 있었다. 하지만 시절은 수상해도 너무 수상했다. 평시가 아니라 '전시'였다. 코로나19는 카페 리브리브 앞을 지나가려는 손님들을 향해 총을 쏴댔다. 비록 위협사격이어서 그 자리에서 쓰러지는 손님은 없었지만, 카페 앞을 얼씬하는 사람은 거의 없었다. 전쟁이 한창인 상황에서 문을 연 카페 리브리베가 홍보와 맛 타령만 하고 있을 수 있을까?

'비상시국'

문을 열자마자 비상시국이었다. 아니다. 비상시국에 내가 문을 연 것이다. 비상시국에는 비상 경영 계획이 필요했다.

'정상적인 경영 계획은 쓰레기통에 집어넣자.'

당시, 내 머리를 지배한 생각은 이거였다. 지금까지의 생각은 모두 쓰레기통에 쑤셔 박아야만 했다.

'정상적인 것은 하나도 없어. 비정상적인 수단을 써야 해.'

그래서 1인 CEO 윤예리는 개업발에도 발을 살짝 걸치는 전략으로 사업 계획을 급하게 수정했다. 수정한 사업 계획의 주요 내용은 어이가 없지만, '친지 의존 경영'이었다.

'창업 당시의 그 기백은 다 어디로 도망가고 말았는가?'

나는 나에게 그런 질문을 여러 차례 던졌다. 하지만 상황은 정말로 심각했다. 그 옛날 우리 부모님 세대 때 이 세상을 뒤집어 놨다던 IMF 사태보다, 코로나19의 충격이 크다는 얘기도 나왔다.

1인 CEO 윤예리의 장점이 뭔가? 한번 결정한 것은 물불 안 가리고 밀어붙이는 것 아닌가?

'친지 의존 경영이 아니라, 친지의 친지 의존 경영.'

내가 생각한 것은 이거였다. 내가 아는 사람에 의존해서 영업을 하는 게 아니라, 내가 아는 사람의 아는 사람까지 모조리 고객으로 모시자는 얘기였다. 그만큼 상황은 긴박했다. 개업 초기부터 월세를 내기도 어려울 것이라는 생각이 현실로 다가왔다. 우선 개업 이벤트가 필요했다.

'개업 사실을 알리자. 그러기 위해서는 뭐가 필요하지?'

답은 '개업 화분'이었다. 그동안 살아오면서 개업 집 앞에서 봐왔던 촌스러운 개업 축하 화환은 아니더라도, 새로운 카페가 생겼다는 사실을 손님 등에게 자연스럽게 알려줄 수 있는 화분 정도는 필요하다고 생각했다. 이왕이면, 개업 후에도 카페를 장식할 수 있는 화분이라면 '금상첨화'라는 계산도 했다.

나의 카페에 화환을 보내 줄 수 있는 사람의 명단을 뽑아봤다. 그런데 의외로 수가 적었다. 비교적 고가인 화환을 내가 뻔뻔스럽게 요구하기 위해서는 보통 이상의 인연이 있어야 하는데, 그런 사람들은 대부분 사회생활 초년병이었다. 그들에게 고가의 화분을 요구하는 것은 내가 너무 뻔뻔스럽다는 생각이 들었다.

자식에게 최고의 약자는 누구인가? 부모님이다. 나의 카페 개업에 가장 강력한 반대 의사를 밝혀 온 부모님께 SOS를 치는 수밖에 없었다. 물론 부모님은 개업 준비가 임박해지면서, '내 딸이 사업을 하게 됐다'는 그 '엄연한 현실'을 받아들이고 계신 상태였다. 자식 이기는 부모 없다는데, 우리 부모님도 딱 그랬다.

"엄마 아빠, 이건 비상시국이야. 나오자마자 죽게 생겼어. 어떻게 살아나야겠는데…."

"그러니까, 내가 얘기했잖니?"

"…."

더 이상 대화가 진척되지 않을 분위기였다. 하지만 부모님이 누구인가. 자식에게 최대 약자, '울트라 슈퍼 을' 아닌가?

"그래, 뭐 필요한 거 있니?"

내 사업에는 아무것도 힘을 보태지 않겠다는, 아니 사업에 훼방까지 놓고 싶다는 표정이 역력한 아빠가 이렇게 말씀하셨다. 여러 차례 이야기하지만, 자식 이기는 부모는 없다. 이건 명백한 진리다.

"개업을 했는데, 개업 사실을 알릴 수 있는 방법이 없어서 그래. 뭐 개업 축하 화분이라도 몇 개 놓으면 좋겠는데."

"알았어. 어떤 화분이면 좋겠니?"

"그래 몇 개 들어올 수 있도록 해볼게."

그날 저녁 엄마 아빠의 휴대전화는 정말로 바쁘게 돌아갔다. 그 효과는 이튿날부터 나타났다. 아침, 문을 열기 전부터 꽃집에서 연락이 오기 시작했다. 부모의 힘은 위대했다. 불과 이틀 사이에 내가 감당할 수 없는 수의 축하 화분이 들어왔다. 카페 앞에는 더 이상 놓을 곳이 없어서, 절반 이상을 집으로 가져가야 할 정도였다.

'개업을 축하합니다. OOO 대표 OOO'

개업 화분의 효과는 역시 컸다. 카페 앞을 현란하게 장식한 화분들은 카페 리브리베가 새로 생겼다는 사실을 통행인들에게 알리는 역할을 했다. 카페 앞을 장식한 개업 화분을 보고, '카페가 새로 생겼나' 하는 생각이 들어 와봤다는 손님도 꽤 많았다. 또 내 지인은 물론 부모님과 언니의 지인들까지 주변 사람들이 '거의 의무적으로' 카페를 다녀가는 경우가 많았다. 이런 효과는 개업 이후 약 2개월까지 이어졌다.

개업발은 코로나19 사태로 태어나자마자 죽을 상황에 빠진 카페 리브리베에게 '인큐베이터' 역할을 했다. 죽어 가는 작고 여린 리브리베에 작은 호스를 연결하고, 거기에 산소와 양분을 넣어 주는 역할을 주변 분들이 해 주신 것이다.

한 번 다녀가신 지인분 중에는 다시 방문해 주시는 경우도 꽤 많았다. 이분들의 소개로 오신 분들도 꽤 있었다.

'개업발'은 결국, 카페 리브리베가 이후 살아갈 수 있는 원천

이 되었다. 개업 때 찾아주신 그분들 덕분에 카페 리브리베는 지속 가능성을 찾아가기 시작했다. 당장 재료를 살 수 있는 자금을 마련하게 했고, 임대료를 낼 수 있게 했다.

나는 개업 당시 힘을 주신 분들의 은혜는 앞으로 살아가면서 두고두고 갚겠다는 다짐을 하곤 한다. 하지만 '개업발'은 '개업발'이었다. 어느 날부터 이런저런 인연이나 인간관계로 찾아오는 손님은 줄어들기 시작했다. 반면, 카페 리브리베의 맛을 알게 된 사람, 나의 SNS 홍보를 통해 카페 리브리베의 존재를 알게 된 사람, 카페 리브리베만의 분위기를 공감하게 된 사람, 이런저런 입소문을 들은 사람….

진짜 나의 손님이 가게를 찾기 시작했다. 작지만 생명력을 찾아가기 시작한 것이다.

월화수 쉬고 목금토일만 여는 카페

'반려동물 프랜들리' 카페,
비록 이루지는 못했지만

슬픈 일을 하나 고백하려 한다. 나는 그동안 '사랑하는 이'를 두 번 잃었다. 여기에서 '이'라고 쓴 이유는 대상이 사람이 아니기 때문이다.

예키 그리고 예삐.

초등학교에 들어가기 전, 우리 집에 예쁜 반려견이 들어왔다. 영국 귀족 사회의 귀부인을 연상하게 하는 요크셔테리어. 예키. 우리 가족은 나와 언니 이름의 돌림자인 '예'를 넣어 이름을 '예키'라고 지었다. 예키는 정말로 사랑스러웠고, 우리 가족은 그 예키를 온갖 사랑으로 키웠다. 하지만 사고가 있었다. 키우기 시작한 지 얼마 되지 않은 시점이었다. 아파트 앞 주차장에서 예키와 뛰어놀다가 같은 아파트에 사는 남자아이의 발에 밟히는 사고가 났다. 이후 병원으로 실려 갔지만, 나와 언니는 이후 예키를 보지 못했다. 부모님은 예키가 아파서 멀리 가서 치료를 받고 있다고 말씀하셨고, 나는 오랜 세월 그 말씀을 믿으며 돌아올 날을 기다렸다. 하지만 예키는 돌아오지 않았다. 나와 언니의 슬픔은 컸다. 매일 울고불고 난리였다. 아빠가 결단을 내리셨다.

"그래 예키와 똑같은 애로 다시 맞이하자."

예키가 어떻게 됐는지는 여러분의 상상에 맡기기로 하겠다. 그렇게 해서 들어온 아이가 예삐다. 역시 돌림자로 이름을 지었다.

예삐는 우리 가족과 함께 15년을 살았다. 우리 가족은 예삐를 가족처럼 키운 게 아니라 가족으로 키웠다. 지금 생각해 보면 나와 언니에게 있어서 예삐는 자식이었다. 자식이나 마찬가지가 아니라, 자식이었다. 예삐는 나와 언니에게 있어서 '내리사랑'의 대상이었다. 모든 것을 예삐에게 주고 싶었고, 모든 사랑을 예삐에게 쏟고 싶었다. 그렇게 세월이 흘렀고, 예삐는 우리보다 나이를 빨리 먹었다. 인간의 수명이 대략 80~90년이라고 한다면, 반려견의 수명은 대략 15~16년 정도 된다. 내가 대학에 갔을 때 예삐는 이미 할아버지가 돼 있었다.

아빠의 인사 발령으로 부모님이 모두 해외로 나가셨을 때는 한국에서 나 혼자 예삐를 돌봐야만 했다. 그때는 언니도 해외 유학 중이었다. 당초에는 부모님께서 예삐를 해외까지 데리고 가시려고 했는데, 고령 견이어서 위험하다는 수의사의 의견을 듣고 한국에 남겨두기로 했다. 당시 나는 기숙사 생활을 하고 있었기 때문에 예삐는 할머니 댁에서 살았다. 나에게 있어서 주말에 예삐를 만나는 기쁨은 그 무엇과도 바꿀 수 없는 것이었다. 하지만 어느 날 예삐는 이 세상을 떠났다. 모든 장례 절차는 내가 진행했다. 외국에 계시는 부모님께 유골 사진을 보내 드리기까지 울기도 많이 울었다. 지금도 에키와 예삐를 생각하면 가슴의 깊은 곳부터 아려온다.

이런 경험은 나의 뇌리에 '반려견은 가족'이라는 인식을 심어 줬다. 그리고 오래전부터 언젠가 내가 하는 일이 반려견이나 반려견을 키우는 사람에게 도움이 됐으면 좋겠다는 생각을 하게 됐다.

코로나19가 대규모로 확산하는 중에 카페를 열고 영업을 하다가 반려견과 함께 산책하는 사람을 자주 보게 되었다. 그러다가 에키와 예삐 생각이 나서 조용히 눈물을 흘리기도 했다.

'저 반려견에게 편안함을 줄 수는 없을까?'
'반려견을 키우는 저분들에게 힘이 되어 드릴 수는 없을까?'

자주, 자문자답을 했다. 그때 떠오른 생각이 있었다. 내 마음속의 저 한 켠에서 하나의 아이디어가 떠올랐다.

'그래, 반려견 프렌들리 카페를 만들자.'
'반려견을 받아들이는 것만으로는 안 돼. 그것도 차별이고 편견이야. 반려묘, 고양이도 받아들여야 해.'

바로 작업에 들어갔다. 사실 어려울 것은 없었다. 우리들에게 어려운 것은 사실 마음의 문을 여는 것인지도 모른다. 모든 것이 생각하기에 달리지 않았는가? 즉시 실행에 옮겼다. 카페를 '반려동물 프랜들리' 형태로 운영하기로 한 것이다. 그런데 나의 이 계획에는 브레이크가 하나씩 걸리기 시작했다.

"야, 너 정신이 있니? 반려동물족 노리다가 손님 다 놓친다."

한 선배 언니가 반려동물 프랜들리 형태로 카페를 운영하기로 했다는 나의 이야기를 듣더니 갑자기 비판을 해댔다. 아무래도 반려동물을 키우는 사람보다는 안 키우는 사람이 많은 상황에서 큰 시장을 놓칠지도 모른다는 애정 어린 충고였다. 그 말은 분명히 맞다. 당장 눈에 들어오는 시장의 크기만 본다면 맞는 얘기다. 하지만 나는 그렇지 않다고 생각했다.

"언니, 그렇지 않아. 어차피 나는 나와 감성이 통하는 손님을 모셔서 행복을 드리려고 하는 거야."
"반려견이나 반려묘와 함께 갈 수 있는 곳을 찾지 못하는 사람을 따스하게 맞이해 드린다면, 리피터를 확보할 수 있어. 이건 마케팅 측면에서도 결코 손해가 아니야."

"…."

"그리고 마케팅이나 장사 이전에 나는, 이 동네에서, 이 골목에서 반려동물을 키우는 사람들에게 좋은 공간을 제공하고 싶어. 그분들이 데리고 온 반려동물과 함께 하면서 나 스스로도 행복한 시간을 보내고 싶고."

"…."

언니는 아무 말도 하지 않았지만, 납득도 하지 않았다. '네 고집이 그렇다면 할 수 없다'는 표정이었다. 하지만 나의 이런 계획과 고집은 결국 실패로 끝났다. '애견 카페' 형태로 카페를 운영하기 위해서는 별도의 허가 절차가 있어야 한다는 이야기를 들었다. 커다란 벽을 만난 기분이 들었다. 그런데 차분하게 생각을 해보니, 그런 허가 절차가 아니더라도 카페 리브리베라는 '작은 공간'을 사람과 반려동물이 함께 즐기는 곳으로 운영하기는 어려운 상황이었다. 주제도 모르고 날뛴 격이 됐다. 결국, 반려동물을 누구나 마음 놓고 데리고 올 수 있는 카페를 만들겠다는 계획은 이루지 못했다.

코로나19 사태로 모두가 우울해하고 있는 상황. 그런 상황에서 유일한 동반자인 반려견, 반려묘와 함께 산책을 나왔다가 들러주는 손님들에게 기쁨을 주고 싶었는데⋯. 많이 아쉬웠지만, 어쩔 수 없었다. 그래도 나의 반려동물 사랑은 끊어지지 않았다. 반려견이나 반려묘와 함께 지나다가 들러서 커피 등을 사가는 손님은 꽤 있었다. 이른바 '테이크 아웃' 손님이다. 반려동물과 함께 온 그 손님들에게 맛있는 음료를 내고 몇 마디 대화를 나누는 과정에서 나는 그분들의 반려견과 친구가 되곤 했다.

몇 년 전까지 내 곁에 있던 예키와 예삐를 다시 만난 느낌이 들고는 했다. 나는 그때마다 작지만 달콤한 행복감에 빠지고는 했다.

생각

우리 인생은 어차피 선택의 연속이다. 내가 태어날 때 내가 나의 부모님을 선택한 것은 아니다. 부모님은 나에게 부여된 나의 운명이다. 어쩌면 내가 선택하지 않은 것은 부모님밖에 없는지도 모르겠다. 부모님 곁을 조금이라도 떠나가 보면 모든 것은 선택의 연속이다. 어릴 적 동네 문방구에 가서 장난감이나 과자를 고를 때도 우리는 선택을 해야 했다. 그리고 그 선택의 결과는 내가 책임을 져야 했다. 간간이 내가 선택할 수 없는 것도 있었다. 중학교 갈 때, 고등학교 갈 때 이른바 뺑뺑이로 학교를 배정받는데, 이것 역시 나의 의지와는 상관이 없었다. 생각해 보면, 나의 선택에 따른 결과는

월화수 쉬고 목금토일만 여는 카페

내가 책임을 져야만 한다. 취직을 해서 사회 경험을 해 보고 나서 카페를 열어 보라는 부모님의 강한 의사를 물리치고 창업에 나선 나에게는 이 사업을 성공으로 이끌어야만 하는 책임이 놓여 있다. 하지만 내 선택을 책임지는 것, 그것은 강한 실천으로 이어진다. 내가 선택한 것이 다른 사람에게 별다른 영향을 주지 않는다고 하더라도, 어떤 때는 자존심의 문제가 되기도 한다.

때로는 나에게 이야기한다.

"내가 선택했으니까, 내가 책임져야 해."

카페를 열고 3년 이상 운영해 오는 그 과정과 과정 중 '선택의 순간'이 아닌 적은 거의 없었다. 그렇다. 우리의 삶은 선택의 연속이다. 앞으로 더 많은 선택을 해야만 할 것이다. 지금까지 내가 선택한 여러 가지 일이 있다. 그중에서도 내가 '반려동물 프랜들리'를 선택한 데 대해서는 후회하지 않는다. 최종적으로 그 뜻을 이루지는 못했지만, 그것은 나와 나의 행복을 위한 선택이었기 때문이다.

그 어려운 코로나19 사태 때도 나는 나의 카페를 찾아준 이름 모르는 손님, 그리고 그가 데리고 온 반려견과 함께 이 세상에서 가장 행복한 웃음을 짓고는 했다.

'행복'은 내가 1인 CEO의 길을 걷기로 결심할 때부터 겨냥해 온 최종 목표였는지도 모른다.

1인 CEO 윤예리,
'미스 토일렛'이 되다

어릴 적 시골에 가면 흔히 말하는 '퍼세식' 화장실이 있었
다. 화장실 아래의 공간이 용변으로 가득 차면 그걸 어
떤 도구로 퍼내야만 하는 재래식 화장실을 말한다. 어릴 적, 시
골 친척 집에 갔을 때 이 재래식 화장실 때문에 이틀 동안 화장
실에 가지 못하고 고생했던 생각이 또렷하다. 그때는 정말로
참고, 또 참았다.

우리나라에서는 옛날부터 재래식 화장실만 썼을까?

이런 궁금증이 생겨 자료를 찾아보니까, 우리나라에도 오래
전부터 수세식 변기가 사용됐음을 보여 주는 물건들이 있었다.
신라 시대 귀족 여인들이 화장실로 사용한 '노둣돌'이 그 대표

적인 물건이다. 노둣돌에 대해 전문가들은 우리 민족이 이미 오래전부터 수세식 변기를 사용했음을 보여 주는 사례로 본다고 한다.

국내 최초의 공중화장실로 알려진 백제 시대의 '왕궁리 화장실'도 있다. 경기 수원의 장안구 이목동에 가면 화장실문화전시관 '해우재'라는 것이 있다. 이 해우재 주변은 화장실문화공원으로 꾸며져 있다. 화장실문화공원은 백제나 신라 시대 당시 사용하던 변기와 화장실 모형에서부터 조선 시대의 이동식 변기인 매화틀까지 국내 변기의 변천사를 모조리 보여 준다. 수원에 화장실문화전시관과 화장실문화공원이 만들어지기까지는 고 심재덕 전 수원시장의 엄청난 노력이 있었다고 한다. 그래서 그에게는 '미스터 토일렛(Mr. Toilet)'이라는 별명이 붙었다고 전해진다. '미스터 토일렛' 시장은 평생 열성적으로 화장실 문화 운동을 벌여온 것으로 전해진다.

심재덕 전 시장이 '미스터 토일렛'이라면, 나는 '미스 토일렛(Miss. Toilet)'이라고 할 수 있을 것이다.

나는 자주 화장실에 얽매인다. 어떤 집, 어떤 식당, 어떤 카페, 어떤 도시를 평가할 때 나의 첫 기준은 화장실이다. 화장실의 청결도가 내 마음속 평가에서 아주 중요한 부분을 차지한다는 얘기다. 어떤 집을 방문했을 때 화장실이 지저분하면 그 집에서 식사도 하기 싫어진다. 아니 실제로 이런저런 핑계로 식사를 하지 않는다. 지저분한 화장실을 경험한 식당이나 카페는 두 번 다시 찾지 않는 것은 물론이다. 내 머릿속의 도시에 대한 인상도 화장실에 의해 결정되는 경우가 많다.

대표적인 곳이 일본 도쿄[東京]다. 나는 초등학교 2학년 때 일본 초등학교로 전학을 가서, 생활하는 동안 도쿄라는 도시의 화장실에 큰 충격을 받았다. 당시 내가 다니던 학교의 화장실은 물론 공원이나 지하철역의 화장실이 모두 깨끗했다. 정말로 깨끗했다. 지금은 한국의 화장실도 많이 깨끗해졌지만, 당시는 일본과 상당한 차이가 있었다.

일본에서 처음 생활할 당시 가장 큰 충격을 받은 것은, 부모님과 함께 간 아주 작은 식당의 화장실이었다. 화장실도 식당과 비슷하게 좁았지만, 그 청결도는 엄청났다. 그뿐만 아니라, 일본에서 친구 집이나 부모님 지인의 집을 방문할 기회가 있었는데, 정말로 모든 집의 화장실이 너무 깨끗해 놀랐다. 이때부터 나는 도쿄라는 도시에 깊은 호감을 갖게 되었다. 도쿄라는 도시에 호감을 갖게 된 이유가 화장실뿐만은 아니지만, 화장실이 차지하는 비중이 큰 것만큼은 분명하다.

코로나19 사태 이후에는 딱 한 차례 도쿄에 다녀왔지만, 그전에는 1년에 여러 차례 도쿄에 다녀오곤 했는데, 그때마다 쾌적한 화장실에 대한 기대감과 이후의 만족감이 아주 컸다.

이런 경험 때문일까?

나는 집에서 생활할 때도 늘 깨끗한 화장실을 추구한다. 내 방은 여기저기 쓰레기와 옷이 굴러다녀도 화장실만큼은 깔끔

하게 치워 놓고 생활한다.

"내가 카페를 개업한다면 최고의 화장실을 만들고 말겠어."

이건 나와의 약속이자, 미래에 만날 내 고객과의 약속이었다. 어쩌면 '미스 토일렛' 윤예리의 자존심인지도 모르겠다. 그래서 카페 점포를 구할 때 맨 먼저 화장실부터 체크했다. 어차피 내가 임대해 리모델링을 해서 최고의 화장실 환경을 구축한다고 하더라도, 기본적인 인프라가 최고의 환경을 구축할 수 있는 조건을 갖추고 있어야만 했기 때문이다.

나의 카페 리브리베 점포을 구할 때 있었던 일이다.

"화장실부터 보고 싶습니다."

대학가 대로변에 있는 점포가 하나 나왔기에 부동산 중개업자와 현장을 찾았다가 건물주에게 내가 처음 한 말이다.

"예, 화장실부터요?"

건물주가 당황하는 표정이었다.

"화장실부터 보고 결정하려고요."
"…"

말문을 잃은 건물주가 나를 안내해 점포 뒤쪽 문을 열고 밖으로 나갔다. 화장실은 점포와 건물 밖 2m정도 떨어진 지점에 위치해 있었다. 문을 열어 봤더니, 타일은 낡았고, 변기는 좌변기가 아니었다.

"..."

이번에는 내 말문이 막혔다.

"점포 안에 화장실을 설치해도 될까요? 물론 공사비는 제가 부담하겠습니다."

내가 내건 조건은 그거였다. 내 머릿속의 '청결한 화장실 플랜'을 구현하기 위해서는 그 방법밖에 없었다.

"그건 안 됩니다. 점포가 좁아서 안에 화장실을 만들면 나중에 세를 주기가 어려워요."

집주인은 단호했다.

"이 상태로는 카페를 할 수가 없습니다. 화장실이 너무 지저분한 데다 가게와 떨어져 있어서 손님들이 불편해할 거 같습니다."

이런 나의 요구를 건물주는 끝내 들어 주지 않았다. 기존 화장실을 리모델링하는 방법도 건물주와 협의했지만, 실현되지 않았다. 다른 점포 관계자, 주택 입주자 등이 함께 사용하는 화장실을 관리하기 위해서는 현재의 화장실을 유지할 수밖에 없다는 것이었다. 결국 계약은 성사되지 않았다. 좋은 화장실을 고집하는 나로서는 어쩔 수 없는 상황이었다. 이후에도 화장실에 대한 나의 고집 때문에 점포 계약이 무산된 사례는 몇 건 더 있었다.

현 점포를 구할 때도 화장실 때문에 우여곡절이 많았다. 점포의 위치와 크기는 물론 임대료까지 모두 마음에 들었지만, 화장실은 여기에서도 문제가 있었다. 좌변기나 타일은 여기저기 낡고 지저분했다. 화장실이 건물 밖 별도의 건물에 위치해 있는 것도 문제였다. 하지만 이 점포의 건물주는 변기·타일 교체 등 화장실 리모델링 공사를 허락했다. 화장실 변기와 타일을 현대식으로 바꾸기로 하고 계약에 나섰다.

'화장실이라는 측면에서 100% 만족할 수 있는 곳을 찾을 수는 없겠군.'

당시 내가 내린 결론이었다. 나는 계약을 했다. 손님들이 카페에서 나가 1m쯤 떨어져 있는 화장실을 다녀와야 하는 불편을 감수해야 했지만, 화장실까지 가는 길 등 주변 환경이 괜찮았던 것이 계약에 나선 이유 중 하나다. 그런데 계약 종료 후 공사를 진행하는 과정에서 문제가 생겼다. 겨울철을 앞두고 화장실 개보수 공사에 나선 업자가 변기를 바꾸면 겨울철 동파 위험이 높기 때문에 화장실 안에 발열기(일종의 전기난로)를 설치해야 한다는 충고를 한 것이다. 하는 수 없이 공사비를 추가해 발열기를 설치했지만, 또 다른 문제가 터져 나왔다. 발열기를 가동할 때 드는 전기 요금을 누가 부담할 것인가, 이게 문제였다. 건물주는 전기 요금까지 자신이 부담할 수 없다고 버텼고,

같은 건물의 다른 업자들은 자신들은 공사의 주체가 아닌 만큼 전기 요금을 분담할 수 없다는 입장이었다. 결국, 전기 요금은 깨끗한 화장실을 고집하면서도 힘이 하나도 없는 1인 CEO 윤에리가 물게 되었다.

요즘도 기온이 영하로 떨어지면, 어김없이 발열기를 가동하는데 그때마다 나의 화장실에 대한 고집이 낳은 전기 요금 참사가 떠올라 가슴이 저려오곤 한다. 하지만 결과적으로 화장실에 대한 나의 집념 역시 마케팅 측면에서 커다란 플러스 요인이 됐다.

코로나19 사태 이후 '청결'이 최고의 가치로 떠오른 상황에서 카페 리브리베가 추구한 화장실은 손님들의 만족도를 상승시키는 데 커다란 역할을 했다.

TIP

이 세상의 거의 모든 사람은 매일 화장실에 간다. 당연히 화장실은 삶의 질을 결정하는 데 중요한 공간이다.

깨끗한 화장실은 카페 리브리베를 찾아 주시는 손님들의 삶의 질을 결정하는 데 아주 중요하다. 그래서 나는 화장실의 품질만큼은 양보할 수 없다.

나무, 풀 그리고 꽃

나는 나무와 풀, 그리고 숲을 좋아한다. 몸과 마음이 지칠 때는 숲을 찾아가 그동안 쌓인 스트레스를 풀곤 한다. 나는 늘 숲이 주는 치유의 힘에 놀란다. 나는 숲에 가면 몸과 마음을 온전히 거기에 맡긴다. 조용히 숲길을 걷기도 하고, 숲속에 돗자리나 쿠션을 펴고 누워 아무런 생각 없이 쉬기도 한다. 그때마다 신비로운 변화를 느낀다. 일과 관련된 온갖 잡생각에서 벗어나게 되면서 마음은 가벼워지고, 피곤하던 몸도 가뿐해지곤 한다. 나의 가족들도 숲을 좋아한다.

코로나19 사태 당시 세상은 온통 우울했다. 코로나19의 영향으로 사람들이 우울감을 느끼는 것을 '코로나 블루'라고 불렀다. 주변을 살펴보면, 정말로 많은 사람이 '코로나 블루'를 경험하는 것을 알 수 있었다. 전문 기관의 조사에서도 비슷한 결과가 나왔다. 한 연구 기관의 조사 결과를 보면, 우리 국민의 절반 가까이가 코로나19로 인한 우울함과 불안감을 경험한 것으로 나타나기도 했다.

코로나19 팬데믹과 같은 상황에서 사람들의 마음을 치유하는 데 유용한 것이 나무와 풀이고 숲이다. 숲의 치유 효과는 과학적으로 입증이 되고 있다. 숲이 가지고 있는 여러 가지 환경적 요소는 인체의 면역력을 높이고, 신체적·정신적 건강을 회복시키는 역할을 한다. 숲은 그 자체의 경관은 물론 숲이 뿜어내는 산소와 피톤치드(식물이 만들어 내는 항균성 물질), 음이온, 그리고 숲에서 들려오는 새소리, 물소리, 바람 소리 등 거의 모든 것이 치유 효과를 내는 것으로 알려져 있다. 숲 치유는 단순히 질병을 치료하는 것이 아니다. 사람의 면역력을 높이고 건강을 좋은 상태로 유지할 수 있도록 돕는다.

나는 사실 내 카페를 숲처럼 가꾸고 싶었다. 아니 숲속에서 카페를 열고 싶다는 생각까지 한 적도 있다. 하지만 도심에서 운영하는 카페를 숲처럼 가꾸기는 쉽지 않다. 도심 숲속에서 카페를 여는 것도 불가능하다. 게다가 카페 리브리베는 좁다. 커다란 화분 하나만 놔도 꽉 찬 느낌이 든다. 그래서 궁리한 것이 카페의 주변 환경을 가능한 나무와 숲으로 가꾸는 것이었다.

내가 현 리브리베의 위치를 정할 때도 나의 이런 나무 사랑, 숲 사랑이 작용했다. 리브리베의 건너편은 슬라브식 1층 단독 주택이었다. 그리고 이 주택의 주변에는 감나무를 비롯한 온갖 나무로 가득 둘러싸여 있었다. 점포를 고를 때 점포 건너편에 나무로 둘러싸인 단독 주택이 있는 것은 나에게 '천혜의 조건' 이었다. 당시 나는 쾌재를 불렀다.

'그래 이거야'

카페의 문을 열면, 맞은 편에 정겨운 단독 주택이 있고, 그 주변에 각종 나무가 있는 상황을 상상했다. 정말로 좋았다. 카페 리브리베가 있는 건물의 양옆이나 건너편 양옆도 상가건물이기 때문에 녹색을 찾기가 쉽지 않았지만, 내 점포 앞만은 온통 녹색이었다. 내 손으로 숲을 가꾸지는 못하더라도, 손님들에게 숲의 느낌을 줄 수는 있다는 판단이 들었다.

나의 나무 사랑, 풀 사랑, 꽃 사랑은 카페 리브리베가 생기고 나서도 이어졌다.

2020년 4월 카페의 문을 열고 보니, 카페 전면 빗물통 옆으로 한 그루의 나무와 한

포기의 풀이 자라고 있는 것이 보였다. 콘크리트 속을 헤집고 나온 나무와 풀. 분명 누군가가 일부러 심은 것은 아니었다. 스스로 싹이 터서, 스스로 자라나고 있는 나무와 풀이었다. 나는 너무나 반가웠다. 그래서 나는 그 나무와 풀을 1년 내내 정성스럽게 돌봤다. 그런데 멋진 일이 펼쳐졌다. 여름이 되니 나무가 1m 이상 훌쩍 자라났다. 3년이 지난 지금은 키가 나보다 훨씬 커졌다.

이 나무는 카페 리브리베의 앞면을 장식하면서 나무와 풀과 숲, 그리고 꽃을 중시하는 카페의 이념을 반영하기에 충분했다.

"나와 비슷한 처진데, 나만큼 잘 자라나네."

어떤 때는 이런 생각도 했다. 사업이라는 측면에서 척박하기만 한 나의 환경. 그 속에서 카페를 만들어 세상과 싸우고 있는 나의 처지와 콘크리트 틈새를 비집고 나와 위를 향해 커가는 나무와 풀들을 보니 그런 생각이 들기도 했다.

'이만하면 밖은 됐어.'

숲속에 있는 카페는 아니다. 도심 속 내 카페를 숲으로 꾸밀

수는 없다. 하지만 앞집 정원이, 콘크리트를 비집고 자라난 나무와 풀이 나의 카페를 숲의 이미지로 만들어 줬다. 감사할 일이다. 그런데 해결해야 할 숙제가 하나 남아 있었다. 카페 내부를 자연으로 꾸미는 것이었다. 카페 내부도 숲으로 가꿀 수는 없다. 하지만 나무와 풀과 꽃은 카페 안에도 필요하다고 생각했다.

'나무, 풀, 꽃….'

또다시 이것만은 양보할 수 없었다. 그건 나의 고집이자 신념이었다.

'카페를 나무와 풀과 꽃으로 꾸미자.'

작전이 시작됐다. 카페 개업을 전후해 들어온 선물 중에서 역시 가장 고마운 것은 나무와 꽃이었다. 그중에서도 특별한 선물이 하나 있었다.

"멋진 나무를 하나 선물하고 싶어요. 그런데 무슨 나무가 좋을지 모르겠어요. 같이 가서 고르실래요?"

한 지인이 가격은 신경 쓰지 말고 카페의 콘셉트에 맞는 나무나 꽃을 고르라고 했다. 그 마음 씀씀이에 놀라면서, 그리고 너무나 죄송한 마음으로 꽃집에 함께 가서 나무를 골랐다. 기준이 있었다. 우리가 주변에서 흔히 볼 수 없는 것, 사철 푸른 것, 키우기 편한 것…. 꽃집 주인은 기준이 너무 높다고 말하면서도, 3가지 나무를 추천해 줬다. 정말로 열심히 골랐다. 그때만큼 뭔가를 신중하게 고른 적도 없는 것 같았다. 하지만 꽃집 안에서 카페에 어울리는 나무를 선택하는 것은 너무나 힘이 드는 일이었다. 결국은 3가지 나무를 모두 카페로 가져가서 안에 들여놓고 카페의 전체적인 분위기와 어울리는지를 일일이 확인했다. 내가 얼마나 나무 선택에 공을 들였는지를 알 수 있는 부분이다. 카페 안에서 3가지 나무를 들여놓고 확인하던 중, 나의 마음을 파고드는 나무가 있었다.

'한눈에 반한다'는 것이 이런 걸까? 동백의 한 종류인데, 우리 주변에서 흔히 볼 수 있는 동백은 아니었다. 꽃과 가지와 잎에 품격이 있었다. 게다가 4철 푸르름을 볼 수 있는 나무였다. 키우기 쉬운 나무인지는 알 수 없었다. 그래서 물어봤다.

"결코 쉽다고 말을 할 수는 없지만, 그렇다고 어렵지도 않아요."

결정했다. 문제가 생겼다. 가격이었다. 꽃집 사장님은 내가 애초 생각한 것의 3배에 이르는 가격을 불렀다. 차라리 내가 돈을 내는 것이라면, 그걸 편하게 사겠는데, 지인이 사 주시는 것이라서 부담이 컸다. 당황해하는 나를 보고 지인께서 말씀하셨다.

"괜찮아요. 저도 이 정도 가격은 생각했어요. 역시 나무 고를 줄 아네요."

월화수 쉬고 목금토일만 여는 카페

그렇게 해서 동백나무 한 그루가 우리 카페로 들어왔다. 그 동백나무가 카페 리브리브에 들어온 것은 정식 개업을 하기 한참 전이었다. 그때는 추웠다. 춥다는 것은 뭔가? 그건 동백이 꽃을 피우는 철이라는 얘기다. 우리 카페로 들어올 당시 손톱 크기만 하던 꽃망울이 점점 커지더니 꽃을 피우기 시작했다.

밖은 추웠다. 게다가 코로나19로 세상은 얼어붙고 있었다. 그 꽃은 코로나19의 기세로 가게 문조차 열지 못하던 내 마음을 환하게 밝혀 줬다. 파란 잎의 동백은 빠알간 꽃을 연신 피워 댔다.

'사업이 잘될 징조야.'

나는 그렇게 믿었다. 당시 나는 모든 것에 카페의 운명을, 삶의 운명을 걸고는 했다. 길을 가다가 까치 떼를 만나게 되면, '까치를 만났으니까, 좋은 소식이 있을 거야. 아마도 카페를 열면 손님이 줄을 서겠지?'라면서 중얼거리기까지 했다. 나는 까치가 반가운 소식을 전해 준다는, 전에 누군가에게 들은 그 말조차 굳게 믿곤 했다. 그만큼 마음이 불안했었다는 얘기다. '사업'이라는, 이전에 가 보지 못한 세상을 가게 된 데 따른 불안이었을 것이다.

'너처럼 늘 푸르고 싶다.'

동백나무에 물을 주면서 나는 이런 생각을 하곤 했다. 내 마음의 번역기가 있다면, 아마도 이렇게 번역했을 것이다.

'365일 늘 손님으로 가득 찼으면 좋겠어.'

동백나무를 들여놓으니, 카페가 한결 안정된 느낌이 들었다. 하지만 디테일이 부족하다는 생각이 들었다. '나무와 꽃과 풀이 있는 카페' 이걸 구현하기에는 뭔가 모자라는 느낌이 들었다. 개업 이후, 처음에는 집앞에 있는 하천 변에서 이런저런 야생화나 풀잎을 따다가 카페 한 편에 장식을 해 봤다. 하지만 몇 가지 문제가 있었다. 야생에서 직접 풀잎이나 꽃을 따오다 보니 날파리 등 해충이 같이 오는 경우가 종종 있었다. 이런 것들은 손님에게 치명적이다. 그리고 풀잎과 야생화를 채취하는데 너무 많은 시간과 손이 들었다. 한 번 채취하러 가면 적어도 1시간 이상은 소요됐다. 1인 기업 리브리베에서 CEO가 꽃을 꺾기 위해 1시간 동안 자리를 비우는 것은 말이 안 되는 것이었다.

월화수 쉬고 목금토일만 여는 카페

간단하게 말하면 시간 낭비였다. 그래서 찾아보니, 카페 등의 매장을 꽃과 풀 등으로 장식해 주는 업자가 있다는 것을 알게 되었다. 바로 결정했다.

'그래, 이런 일은 전문가에게 맡기는 게 좋아.'

어렵게 전문가를 찾아 일을 부탁드렸다. 이분께는 내가 원할 때 불러 일정 비용을 드리면 카페와 가장 어울리는 꽃과 풀로 장식해 줬다. 1회당 가격도 ○만 원 미만에서 가능했다. 결과는 최고였다. 풀과 꽃의 종류라는 측면에서나, 장식적 측면에서나 내가 이전에 야생 풀과 꽃으로 하던 것과는 차원이 달랐다.

정식 오픈 이후 카페를 찾아오는 손님들의 반응은 최고였다. 그렇게 해서 나의 카페를 숲으로 꾸미는 프로젝트는 완성됐다. 카페 앞 건너편 단독 주택의 정원수, 카페 앞 콘크리트를 비집고 자라난 나무와 풀, 지인과 함께 어렵게 구한 동백나무, 그리고 전문가의 손으로 완성도를 높인 카페 내부 장식용 꽃과 풀.

카페를 숲으로 꾸미겠다는 나의 전략은 딱 들어맞았다. 손님들의 반응은 예상외였다.

"와, 건너편 집 풍경이 너무 좋아요. 어떻게 해서 이런 곳을 골랐어요?"

카페 건너편 단독 주택 앞의 나무가 잎의 푸르름을 더해가면서 손님들의 반응은 더욱 뜨거워졌다. 카페 앞집의 정원을 넣

은 사진 찍기가 일부 손님들의 인기 이벤트가 되기도 했다.

"아니, 이런 나무와 풀을 어떻게 심었어요?"

"심은 게 아니고요. 저절로 나서 자랐어요."

카페 앞 콘크리트를 비집고 자란 나무와 풀을 보고도 손님들은 감탄사를 연발했다.

"처음 보는 동백이네요. 품격이 있어요."

동백나무에 대한 칭찬도 이어졌다.

"이건 누가 장식한 것이에요? 너무 자연스러워요."

카페 내부에 장식한 풀과 꽃에 대해서도 좋은 평판이 이어졌다. 하지만 내 마음을 가장 흐뭇하게 한 반응은 이런 것이 아니었다.

"여기 와 있으면 마음이 편안해져요. 아마도 꽃과 나무가 있어서 그런가 봐요."

월화수 쉬고 목금토일만 여는 카페

이게 바로 나를 감동시킨 반응이었다. 나는 나의 카페를 꽃과 나무와 풀로 장식하면서, 나를 포함한 모든 사람이 위안을 받기를 기대했다. 따지고 보면 꽃과 나무와 풀이 우리에게 주는 효과는 여러 가지 연구에서도 입증이 된 바 있다. 직접적으로는 이런 식물이 실내의 초미세먼지를 없애주기도 한다. 2019년 초쯤 '거실에 화분 3~5개를 놔두면 실내의 초미세먼지가 20% 정도 감소한다'는 내용의 기사가 각종 언론을 통해 보도됐다. 농촌진흥청은 초미세먼지 농도가 '나쁨($55\mu g/\text{m}^3$)' 수준인 날을 기준으로 할 때, 20m^2의 거실에 잎 면적 1m^2의 화분 3~5개를 놔두면 4시간 동안 초미세먼지가 20% 정도 줄어드는 것으로 나타났다고 밝혔다. 당시 연구팀 관계자는 생활 공간에 공간 부피 대비 2% 정도의 식물을 놔두면 12~25%의 초미세먼지가 줄어든다고 설명했다. 초미세먼지가 식물의 잎 표면에 달라붙은 뒤 기공을 통해 흡수되기 때문이라고 한다.

산림청이 코로나19로 인해 자가 격리에 들어간 사람들에게 반려 식물을 보냈는데, 자가 격리 동안 이 식물을 보면서 큰 위안을 받았다는 반응이 나온 적도 있다. 당시 산림청이 자가 격

리자들에게 보낸 반려 식물은 산호수였다. 선명한 붉은 열매가 바닷속 산호처럼 아름답다고 해서 산호수라는 이름이 붙은 이 식물은 반려 식물로 최적이라는 평가를 받고 있다고 한다. 봄에는 연둣빛 새순을, 여름에는 흰색 꽃을, 가을·겨울에는 붉은 열매를 각각 볼 수 있기 때문에 곁에 두고 있으면 1년 내내 치유 효과를 얻을 수 있다는 것이다.

내가 사랑하는 마음으로 키우고 있는 동백나무도 나와 우리 손님에게는 그런 효과를 가져다 줬다.

생각

봉준호 감독은 영화 〈기생충〉으로 아카데미 작품상을 받은 뒤 '가장 개인적인 것이 가장 세계적인 것'이라는 취지의 발언을 했다. 영화계 거장 마틴 스코세이지의 말을 인용한 봉 감독의 말은 화제를 낳으면서 많은 사람의 입에 오르내리게 되었다. 나는 마틴 스코세이지 감독과 봉준호 감독의 이 말을 내 나름대로 해석해 보곤 한다.

'가장 개인적인 것' → '가장 세계적인 것'

이 등식. 나의 풀, 나무, 꽃에 대한 생각에서도 위의 등식이 성립된다고 생각했다. 따지고 보면, 나무와 풀과 꽃을 소중히 하는 것은 지극히 나의 개인적인 취향이다. 그리고, 내가 좋아하는 나무와 풀과 꽃의 종류도 지극히 내 개인적인 취향 속에 한정돼 있다.

나는 내가 좋아하는 것만 즐긴다. 나는 그게 나만 즐겁게 하는 것으로 생각해 왔다. 하지만 이번에 카페를 꾸미면서 나의 개인적인 취향을 극대화하는 것, 그것이 역으로 많은 사람의 공감을 얻을 수도 있다는 생각을 했다. 나의 감정에 충실하고, 나의 취향에 충실하니까, 다른 사람이 공감해 주는 폭이 넓어진다는 생각이 든 것이다.

카페 건너편 정원을 살리고, 카페 앞 콘트리트 속에서 자란 나무와 풀을 그대로 보존하고, 지극히 나의 취향에 맞는 동백나무를 들여오고, 고비용을 감수하고, 전문가를 통해 꽃과 풀로 카페를 장식하고 한 모든 것이 지극히 나의 개인적인 취향과 관계된 것이었다. 하지만 이게 나의 카페를 찾아와 주시는 손님들이 공감하는 포인트의 하나가 되었다.

가끔씩 찾아와 주시는 외국인 손님들도 한결같이 나무와 풀과 꽃의 이야기를 해 주신다.

이 정도의 내 개인 이야기를 '지극히 개인적인 것이 지극히 세계적인 것'이라는 봉준호 감독의 말에 빗대어 과장할 생각은 없다. 다만 나의 감정, 나의 기호, 나의 취향, 나의 지향점을 극대화하는 것이 거꾸로 다른 사람의 감정, 다른 사람의 기호, 다른 사람의 취향, 다른 사람의 지향점에 가깝게 갈 수 있다는 것을 느꼈을 뿐이다.

어느 날
녹색 풍경이 사라졌다

로 또 복권의 1등 당첨 확률은 814만분의 1이라고 한다. 50명이나 100명이 모인 행사에서 행운권을 추첨하는 경우의 1등 당첨 확률은 당연히 50분의 1이나 100분의 1이 된다. 이런 행사에서도 1등에 당첨되기가 어려운 것이 현실이다. 1등 당첨과 같은 행운은 늘 남에게 간다. 그게 삶이고 인생이다. 로또에 당첨이 안 됐다고 해서 슬플 일은 없다. 행사에서 1등에 당첨되지 않았다고 해서 집으로 가는 길에 우는 일은 없다. 어차피 그런 일은 남에게 가게 되어 있다고 생각을 해왔기 때문이다. 이 말은 거꾸로 해도 그대로 성립된다.

인구 100만 명당 발생 확률이 몇 명에 불과한 희귀병은 다른 사람에게나 생길 일인 것 같은 생각이 든다. 심지어는 하루에 확진자가 1,000명, 2,000명, 심지어는 수만 명을 넘기는 코로나19 바이러스도 나는 피해서 갈 것 같다는 생각이 들곤 했다. 좋은 일이나, 나쁜 일이나 나에게는 찾아오지 않을 것 같다는 생각을 하게 되는 것이 우리네 보통 사람들의 삶이고 생각이다.

그렇다. 나는 요행수를 바라지 않았다. 하늘에서 행운이 뚝 떨어지기를 바란 적이 없다는 얘기다. 마찬가지로 나에게 엄청난 일이 닥칠 것이라는 생각도 하지 않았다. 그래서 그런 것에 대한 걱정도 없었다. 그런데 얼마 전 벌어진 일을 보면 세상일은 정말로 알 수가 없다는 생각이 든다.

어느 날 출근해 보니, 카페 건너편 단독주택 앞에서 무슨 공사가 진행되고 있었다. 처음에는 나의 눈을 의심했다. 세상에 이런 일이? 단독 주택 주변에 있던 나무가 하나둘 잘려 나가고 있는 것이었다. 단독 주택 주변의 나무는 나에게 어떤 존재인가? 카페에 있어서, 그리고 나에게 있어서 그것은 숲이고 환경이다. 숲을 요약한 형태이지만, 분명히 숲이다. 나는 그렇게 믿고 있었다. 그런데 그 나무가 잘려 나가다니? 그날 나는 아무 일도 할 수가 없었다.

멘붕. 그랬다. 또 멘탈의 붕괴가 왔다. 정신이 무너졌다. 나를 둘러싸고 있는 나의 모든 것이 무너지는 느낌이 들었다.

"이러고 앉아 있을 수만은 없어."

정신을 차렸다. 공사 현장으로 갔다. 공사를 지휘하는 분을 찾아갔다.

"안, 안, 안녕하세요?"

내 말은 떨리고 있었다.

"…."

"왜 나무를 자르는 거죠?"

"…."

공사 관계자분이 '기가 막힌다'는 표정을 지어 보였다.

"자르라고 하니까요."

그랬다. 그분은 단지 작업을 하는 분이었다. 어렵게, 공사를 맡긴 분을 찾았다.

"안녕하세요? 저기서 카페를 운영하는 사람입니다."
"왜, 나무를 자르시는 건지 여쭤도 될까요?"
"아, 이 집에서 제가 점 보는 집을 열기로 했거든요. 나무가 건물을 가리는 것 같아서…."

'점 보는 집'

"아…."

나는 아무런 말도 할 수 없었다. 내 카페 앞에 이 업종의 사무실이 온다고? 전혀 예상할 수 없는 일이었다. 아마도, 사람이 인생을 살면서 자신의 집이나 가게 앞에 그 업종의 사무실이 문을 열게 될 확률은 지극히 낮을 것이다. 내 느낌으로는 로또 1등에 당첨되는 확률보다 낮을 것이라는 생각이 들었다. 하지만 그건 사무실을 여는 분의 자유로운 선택이다. 그걸 뭐라고 말할 수는 없다. 다만, 문제는 내 카페를 숲으로 장식해 준 나무가 사라진다는 것이었다. 단독 주택을 임대해 그 업종의 사무실을 열기로 한 그분이 건물 주변에 있는 나무를 제거하고 있는 것이었다. 너무나 당황스러웠다. 그래도 정신을 차려야만 했다.

'나무를 한 그루만이라도 살려야 해.'

나는 그렇게 생각했다.

"저 안쪽에 있는 나무라도 그냥 놔두시면 안 될까요? 나무가 너무 예쁘거든요. 부탁드려요."

최종적으로 나무는 모두 잘려 나갔다. 그리고 카페 앞의 풍경은 완전히 바뀌었다. 애당초, 아담한 단독 주택과 그 주변에 늘어선 나무들로 고즈넉한 분위기를 자아냈지만, 나무가 잘린 뒤 분위기는 완전히 변했다. 게다가 점 보는 집 측이 건물에 밝고 노란색 간판을 커다랗게 내걸면서 내 카페의 분위기는 이전과 완전히 달라졌다. 한동안 상실감이 컸다. 아무것도 할 수가 없었다. 카페 일대의 녹색 풍경을 좋아하던 손님들도 실망하는 표정이 역력했다. 하지만 어쩔 수 없는 일이었다.

세상을 살다 보면 이런 일도 있는 것이라는 생각이 들었다. 어차피 이렇게 된 일, 그 상황을 받아들일 수밖에 없었다. 결과적으로 내 카페의 숲 일부가 사라졌지만, 그건 나의 힘으로는 어쩔 수 없는 일이었다. 그때부터 나는 내 마음을 어루만지기 시작했다.

'좋은 공부 했다, 윤예리.'

상심해 하는 나에게 충고하는 이도 있었다.

'앞으로 세상을 살다 보면 그런 일은 얼마든지 있을 거야. 이런 상황을 받아들이는 것이 삶이고 인생이고, 무엇보다 사업이란다. 앞으로 일을 하다 보면 그보다 더한 일이 얼마든지 생길 수 있어. 누구의 잘못도 아니잖니?'

내 카페 앞에 점 보는 집이 생기는 상황은 정말로, 정말로, 정말로 예측할 수 없었다. 아니 상상도 할 수 없었다. 하지만 생겼다. 이건 현실이다. 아니 이건 미래다. 이건 나의 인생에서 생길 수 있는 여러 가지 일 중에서 작은 시작일 수 있다. 나는 20대 중반에 커다란 공부를 온몸으로 했다는 생각을 했다.

월화수 쉬고 목금토일만 여는 카페

인생은 정말로 예측할 수 없는 일의 연속이다. 그리고 우연의 연속이다. 내 카페의 위치가 거기로 정해진 것도 사실은 우연 속에서 일어난 것이다. 그때 내가 친구를 만나기 위해 그 터미널에 가지 않았다면, 지금의 이 점포를 만날 수 없었을 것이다.

카페 건너편 단독 주택이 나에게 숲을 제공하는 역할을 하고 마음의 오아시스가 되어 준 것도 우연 속에 일어난 일이다. 하지만 나는 이번 단독 주택 나무 벌채 사태 속에서 배운 것이 하나 있다. 점 보는 집 측이 그 단독 주택을 사업장으로 선택해 주변의 나무를 잘라내고 나서 나는 느꼈다.

'나는 왜 그 집의 가치를 몰랐던 것일까?'

지금 살펴보면, 그 집이 현재 내 카페보다 카페 점포로서의 가치가 확실하게 높아 보였다. 나는 그 단독 주택의 주변 환경이나 모든 것이 월등하다는 것을 느꼈으면서도, 그 주택을 내가 임대해 보겠다는 생각은 하지 못했다. 아마도 '어떤 가정이 생활하는 장소'라고 단정해 버리고, 그것을 나의 공간으로 이용해 보겠다는 생각은 아예 하지도 않았던 것 같다.

앞으로 더 많이 공부하고, 더 많이 성장해야 한다고 나는 생각했다. 삶은 역시 배움의 연속이다.

기부가 가져온
'작은 기적'

코 로나19는 인류의 대재앙이었다. 모든 인류는 코로나19
와 싸웠고, 많은 사람이 죽었다. 그리고 많은 사람이 울
었다. 하지만 나는 죽지 않았고, 그것 때문에 쓰러지지도 않았
다. 그게 K-방역의 힘 덕분인지, 확률상 나에게 찾아온 행운인
지를 논하고 싶지는 않다. 나는 분명 쓰러지지 않았지만, 나에
게도 대재앙급 쓰나미가 밀려온 것은 엄연한 사실이었다. 코로
나19는 '기다림', 아니 '하염없는 기다림'을 나에게 가져다줬다.

2020년 2월로 접어들면서, 나는 아무 때 개업을 해도 문제가
없을 만큼 만반의 준비를 하고 있었다. 그때 대재앙이 나를 기
습 공격했다. 처음에는, 누구나 그러했겠지만, 나도 곧 끝날 줄

알았다.

'조금 기다려 보자, 좀 수그러들면 문을 여는 게 좋겠어.'

주변 사람들의 충고는 대략 이랬다. 앞에서도 이야기했지만, 코로나19가 쓰나미처럼 밀려오는 상황에서 카페의 문을 연다는 것은 미친 짓이라는 의견이 많았다. 나도 대체로 동의했다. 하지만 준비를 하지 않을 수는 없었다. 특히, 커피의 맛 하나만은 최고를 지향하고 있는 나로서는 끊임없이 커피 맛을 단련시켜 나가야만 했다.

나는 애당초, 개업 때 쓸 최고의 원두를 주문해 놓은 상태였다. 하지만 코로나19로 개업이 계속 미뤄지면서 미리 확보해 놓은 커피 원두가 사장될 위기에 놓였다. 문도 열지 못하는 카페에 나가 커피 맛을 점검하고, 여러 가지 테스트를 이어갔다.

'이 커피를 유용하게 쓸 수 있는 무슨 방법이 없을까?'

한참 궁리를 하고 있는 상황에서, 의료 현장 특히 보건소 등에서 많은 의료진이 코로나19 방역으로 고생을 한다는 뉴스를 접했다. 보건소 직원을 비롯한 코로나19 의료진들이 옷도 제대로 갈아입지 못하는 상황에서 격무에 시달린다는 소식도 들었다. 마실 것, 먹을 것도 제대로 섭취하지 못하면서 고생하고 있다는 것이었다.

카페에서 어느 정도 떨어진 곳에 보건소가 하나 있었다. 조용히 보건소 근처를 가 봤다. 물론 보건소와 아주 근접한 장소까지는 갈 수는 없었다. 방역을 방해할 수 있기 때문이었다. 보건소 인근 출입문 옆 공터에서 몇몇 의료진들이 휴식을 취하는 것을 봤다.

'그래, 저분들에게 힘이 돼 줄 수는 있을 거야.'

역시 현장에 답이 있었다. 현장에 가서 고생하는 의료진들을 보고 나니 내가 할 수 있는 일이 떠올랐다.

'저분들에게 따스한 커피를 한 잔씩 드리자.'

기부를 하겠다는 생각을 한 것은 그때였다. 코로나19 방역의 최일선에 있는 분들에게 카페 리브리베가 추구하는 최고의 커피를 드리고 싶었다. 그분들이 카페 리브리베의 사실상 첫 손님인 셈이었다. 마음이 바빠지기 시작했다. 지인을 통해 보건소에 연락을 하니, 커피 등 음료를 기부한다면 감사한 마음으로 받겠다는 뜻을 전해 왔다. 아직 문을 열지 않은 1인 카페가 바빠지기 시작했다. 보건소의 규모를 감안해 50잔의 커피와 음료를 기부하기로 했는데, 손이 부족했다. 그래서 지인 2명에게 긴급 지원을 요청했다.

"기부를 하는 거니까, 너의 노동력을 기부해 줘."

그렇게 해서 리브리베 기
부가 시작됐다. 미리 준비한
리브리베 용기에 커피와 음
료를 정성스럽게 담았다.

"맛은 최고로 유지해야 해."

함께 작업을 한 지인 2명
과 함께 결의한 것은 그것뿐
이었다.

아직 영업을 해 보지도 못
한 1인 카페가 갑자기 커피
제조 공정으로 분주해졌다. 커다란 박스를 구해, 거기에 50여
잔의 커피와 음료를 정성스럽게 담았다. 그리고 나서 미리 대
기해 놓은 차량을 이용해 보건소 뒷문으로 갔다. 보건소에는
연락을 받은 보건소 직원이 대기하고 있었다.

"별거는 아닌데, 한 번 드셔 보세요. 그리고 힘들 내시고요."
"고맙습니다. 정말로 고맙습니다."

커피와 음료를 보건소 직원에게 드리고 돌아오는 길. 기분이
정말로 좋았다. '리브리베'라는 브랜드를 달고 세상에 나간 첫
제품이 코로나19로 고생하시는 의료진에게 전달됐다는 뿌듯함
이 가슴 저 아래에서부터 밀려 올라왔다. 50잔의 커피와 음료
를 만들고 나니 미리 준비해 놨던 원두 등 재료가 거의 소진됐

다. 이튿날, 커피와 음료를 정말로 맛있게 드셨다는 연락이 왔다. 아직 문도 열지 못한 새내기 1인 CEO 입장에서 기분이 너무 좋았다.

"그래 어차피 시작한 거 기부를 한 번 더 하자."

얼마 후 나는 원두와 재료를 추가로 준비해 다시 기부에 나섰다. 노동력 기부에 나서 준 지인들과 함께 커피와 음료를 만들어 보건소 후문에 다시 한번 다녀왔다. 나와 지인들이 정성스럽게 만든 커피를 한 잔 마시면서 달콤한 휴식을 취할 의료진들을 생각하니, 하늘을 나는 듯한 기분이 들었다.

'이렇게 우리 모두가 힘을 모으면, 코로나19 정도는 물리칠 수 있을 거야.'

나는 사회에 막 진출한 햇병아리다. 사업을 한다고 나서기는 했지만, 아직 카페의 문도 열지 못했다. 돈을 단 1원도 벌지 못한 상태였다. 하지만 나는 이 사회의 작은 힘이라도 되기 위해 날개를 파닥거려 봤다. 나를 기다려

주는 사회를 향해 이 정도의 인사를 드리는 것도 나쁘지 않다는
생각이 들었다.

'그래, 잘해보자! 사회여.'

흔히 사회는 정글이라고 한다. 약육강식이 기본 원리처럼 흐
른다. 죽기 아니면 까무러치기라는 말도 있다. 하지만 나는 그
사회에 대해 친선의 손부터 내밀었다.

이후, 우여곡절 끝에 카페의 문을 열었다. 코로나19가 온 세
상, 온 나라를 뒤덮은 상황에서 카페는 개점을 했고, 손님맞이
에 돌입했다. 영업도 하지 못하고 임대료만 낸 지도 몇 개월이
나 지난 시점이었다. 코로나19의 확산세가 심각해지면서 카페
손님은 형편없는 수준으로 줄었다.

그렇게 한여름이 되었다. 손님이 하나도 없는 카페 안에서는
전기 요금을 마구잡이로 잡아먹는 에어컨만 속절없이 돌아가
고 있었다.

"안녕하세요? 여기가 리브리베 카페 맞죠?"
"예, 맞아요. 뭐로 드릴까요?"
"아, 그게 아니고요. 저희가 속해 있는 지자체에서 지역 소상공
인을 돕기 위한 바우처가 나왔는데요, 이걸 여기에서 쓰려고요."
"아…!"

내 입인데, 내 마음대로 움직일 수가 없었다. 아무런 말도 나

오지 않았다.

"관내 소상공인이 운영하는 매장에서만 쓸 수 있는 거거든요."

내 입에서는 여전히 말이 잘 나오지 않았다. 오신 분은 적은 액수라고 말씀하셨지만, 코로나19 사태 이후 위기 상황이 이어지고 있던 나에게는 커다란 힘이 되는 정도의 액수였다.

"아, 예."
"지난번에 2차례나 보내 주신 커피와 음료를 저희들이 정말로 맛있게 먹었어요."
"아…."

그때서야 내용을 짐작할 수가 있었다. 내가 개업 전에 커피와 음료를 기부한 그 보건소에서 나오신 분이었다. 보건소 직원이 나가시는 것을 보면서도 나는 제대로 인사도 건네지 못했다.

내 눈에서 주르르 눈물이 흘렀다. 당시 상황은 심각했다. 코로나19가 다시 확산하면서 카페의 매출은 급감했고, 문을 닫아야 할지도 모른다는 생각을 하던 시점이었다.

"그래 다시 힘을 내자."

보건소 측의 그런 배려는 심리적으로 커다란 힘이 됐고, 1인 CEO 윤예리가 쓰러지지 않는 버팀목이 돼 주었다. 작은 기적이었다.

모든 것은 내가 결정한다

대통령은 외로울까? 힘이 들까?

가끔 이런 생각을 하곤 한다. 국정의 모든 것을 혼자서 결정해야만 하기 때문에 때로는 외롭고, 때로는 힘이 들 것이다. 하지만 대통령에게는 수많은 참모가 있다. 비서실장을 비롯한 많은 사람과 회의를 하고, 대화를 하면서 어떤 사안을 결정할 것이다. 그러나 나에게는 참모가 없다. 2019년 사업을 하기로 결정하고 나서, 모든 것을 혼자서 결정해야만 했다.

'딱 3년만 직장 생활을 경험하고 나서 사업을 시작해도 늦지 않아.'

'사회를 충분하게 경험하고 나서 사업에 뛰어들어야 해. 그렇지 않

으면 바로 망할지도 몰라.'

부모님을 포함한 주변의 거의 모든 사람은 내가 사업에 나서는 것에 대해 반대했다. 그 사람들이 반대의 핵심 이유로 든 것은 '경험 부족'이었다. 평생 학교만 다닌 주제에 무슨 사업을 벌이느냐는 비아냥도 깔려 있었다. 하지만 나는 사업을 하기로 결정했다. 내가 내린 나의 첫 결정은 '사업을 한다'는 것, 그것이었다. 외로운 결정이었지만, 사실은 어려운 결정은 아니었다. 아무도 나의 편을 들어 주지는 않았다. 나의 의사 결정에 대해 언제나 박수를 보내 주시던 외할머니조차 사업은 이르다면서 반대 의사를 나타내셨다. 하지만 나는 오랜 시간 숙고 끝에 내린 이 결정을 후퇴할 생각은 없었다. 아무도 찬성하지 않는 상황에서 내린 나의 사업 결정. 이 결정은 이후에 벌어지는 모든 일에서의 외로운 결정으로 이어졌다.

나의 사업 결정에 반대 의사를 나타낸 사람들에게 사업을 진행하는 과정에서의 각종 결정을 상의하기란 쉽지 않았다. 이후의 결정은 외로운 결정의 연속이었다.

외로운 결정, 외로운 결정, 외로운 결정….

길목마다 마주치는 외로운 결정들, 그러나 이것들은 나를 단련시켰다. 외로운 결정은 점차 자신 있는 결정으로 이어졌다. 외로운 결정이 익숙해졌기 때문일 것이다. 그런데 이 외로운 결정 과정에서 신비로운 일이 계속 발생했다.

그중 하나는 자유로움이었다. 어차피 내가 결정하는 것, 완전히 새로운 각도에서 생각하고, 바라보는 습관이 생겼다. 결과적으로 아주 나다운 결과, 1인 CEO 윤예리만이 낼 수 있는 결과가 나오기 시작했다. 혼자만의 결정은, 결정의 속도와 추진의 속도를 빠르게 했다. 일을 빨리 진척시킬 수 있었다는 얘기다. 또 하나의 신비로운 일은 책임의 무게감이 감지되기 시작했다는 것이다. 나 혼자만의 결정이 가져올 대참사를 막기 위해서는 보다 깊게 생각하고, 보다 신중하게 생각할 수밖에 없었다. 나 혼자서 책임을 져야만 했기 때문이다. 결국, 심사숙고하되 그에 따른 결정은 빨리 내리고, 그 결정에 대한 실행도 빨리하게 된 것이다.

1인 CEO의 외로운 결정이 낳은 또 하나의 신비로운 일은 '현장 확인'이었다.

'모든 것은 내가 결정한다. 그 결과는 내가 책임진다.'

이 명제를 완성하기 위해서는 모든 일을 확실하게 하는 것이 중요했다. 확실성을 높이는 방법은 딱 하나였다. 현장.

나는 카페의 디자인은 물론 색깔을 결정할 때도 설계사무소를 직접 찾아가 나의 뜻을 상세하게 설명했다. 그리고 색에 대한 커뮤니케이션 미스를 줄이기 위해 내가 원하는 색을 찾아가지고 가서 직접 제시했다. 전화 한 통화로, 문자 하나로, 카톡 대화로 해결할 수도 있는 일이었지만, 나는 현장에 직접 가서 이야기를 하고, 샘플을 보여주기도 했다.

긴 벤치형 의자를 만들 때는 이런 일도 있었다. 나는 카페 앞에 기다란 벤치형 의자를 하나 놔둠으로써 손님들이 사진을 찍을 때 앉을 수 있도록 하고 있다. 의자를 제작할 당시 나는 이 의자만은 자연스러움, 고급스럽지 않음, 편안함이 아주 중요하다고 생각했다. 카페 앞 도로변에 놔야 하는 의자인 만큼 투박함이 강조될 필요가 있다고 봤다. 이 의자를 제작해 카페 앞에 비치하는 과정에서 나는 직접 목수님의 작업 현장까지 다녀왔다.

'현장 중시'

1인 CEO의 고집이었다. 결과는 대박이었다.

투박함을 강조한 그 의자는 손님들로부터 큰 인기를 끌었다. 인스타그램 등을 통해 '사진 찍기 좋은 카페'로 이름을 알리기 시작하면서 우리 카페는 사진을 찍으러 오는 손님으로 붐볐다. 그들 중 상당수는 이 투박한 의자에 앉아 사진을 찍고자 했고, 결국 의자는 '사진이 잘 나오는 리브리베 카페'의 핵심 오브제가 됐다. '외로운 혼자만의 결정'은 이런 식으로 긍정적인 결과를 불러왔다.

사실은 이런 일이 있었다. 카페 앞에 벤치형 의자를 놓기로 했다고 하자, 주변 사람들은 저마다 자신의 취향에 맞는 의자 사진을 보내왔다. 메모리얼 웨딩 사진을 찍는 사진관에나 있을 법한 고풍스러운 의자에서부터, 현대적 감각이 극대화된 철제 의자까지 정말로 다양한 의자가 쏟아졌다. 하지만 다른 사람들이 제기한 의자는 모두 내 카페의 콘셉트나 주변 환경과 맞지 않았다. 특히 인도와 차도가 따로 구분돼 있지 않고, 이런저런 광고물 등이 널려 있는 도로변의 특성상 고풍스러운 의자나 현대적 감각의 의자는 전혀 어울리지 않을 것 같았다.

이유는 분명했다. 카페의 분위기나 카페 인근의 환경을 고려한 것이 아니라, 나에게 의견을 제시한 사람이 자신의 취향이나 자신의 머리에 들어 있는 이상을 고려한 의자를 제기했기 때문이다.

'고맙습니다만, 모두 아닙니다요.'

그래서 나는 결심했다. 다른 사람들이 제시한 의견은 받아들이지 않기로 했다. 다른 사람들의 의견은 그저 의견일 뿐이었다. 정밀 시뮬레이션에 들어갔다. 인근에 있는 각종 점포들도 살펴봤다.

'툭 튀지 않으면서, 자연스럽게 녹아들 수 있는 의자가 필요해!'

그래서 결정한 것이 원목을 이용해 투박한 느낌을 강조한 의자였다. 지나가던 사람이 부담 없이 앉고 싶어 할 수 있는 그런 의자.

나는 우리 카페를 이용하지 않는 손님들도 이 의자에 앉아 우리 카페를 배경으로 사진을 찍어 갈 수 있는 상황도 연출하고 싶었다. 결과적으로 혼자서 내린 외로운 결정은 대박이었다.

나의 결정은 사람들의 마음을 끌어당겼고, 오늘날 코로나19 사태를 견디게 할 수 있는 하나의 요소로 작용하게 되었다.

생각

어떤 결정을 할 때 많은 사람의 의견을 받아들이는 것은 중요하다. 집단 지성을 바탕으로 내린 결정이 사회적 합의를 끌어내는 데 유리할 수 있다. 하지만 나는 '외로운 결정'이 연속되는 상황에서 지금까지는 몰랐던 사실을 하나 발견했다. 1명이 내린 결정의 디테일이 때로는 100명이 합의해 내린 결정의 두루뭉술함을 이길 수 있다는 것이다. 아니 이긴다는 것이다.

사업은 배움의 연속이다. 그래서 미국 실리콘 밸리 기업들이 사람을 뽑을 때는 '창업 경험'을 모든 다른 캐리어에 우선으로 한다고 하지 않는가?

어른들은 가라

 른들의 머리, 어른들의 경험은 젊은이들의 미숙을 보충
해 줄 수 있을까?

'그럴 가능성은 별로 없다.'

내가 내린 결론이다. 카페의 문을 열면서, 나는 수많은 어른
의 머리를 빌릴 수밖에 없었다. 아니 빌려야만 하는 상황이 많
았다. 하지만 어른들이 내놓은 아이디어는 대부분 공허했다.
어른들이 지금까지 경험한 것들은 반영돼 있지만, 내가 앞으로
경험해야 할 것들은 담지 못했다.

카페가 거의 완성될 무렵, 이런 일이 있었다. 나의 카페가 완성돼 가는 것을 기뻐하면서도, 늘 궁금해 하던 몇몇 동네 어른들이 공사가 90% 정도 종료된 시점에서 찾아왔다.

'메뉴판은 전면에 크게 내걸어야만 손님들이 편하게 주문을 할 수 있어.'

'요즘 스투키라는 식물이 인기더라. 카페 곳곳에 그걸 갖다 놔봐.'

'쌍화탕이나 대추차도 필수야. 커피 안 마시는 사람을 위한 메뉴가 꼭 있어야 해.'

'저기 저 벽이 비어 있는 곳에 커다란 서양화를 하나 걸어 놓으면 좋겠어.'

'화장실에는 멋진 벽화가 하나 있으면 좋겠더라.'

어른들의 눈에 비친 내 카페는 부족한 것투성이었다. 그들은 충고를 하는 게 아니었다. 아예 명령을 하고 있었다. 하지만 그들은 정확한 조사를 바탕으로 그런 말을 하는 게 아니었다. 대부분 자신의 몇몇 경험을 바탕으로 내놓은 순간적인 의견일 뿐이었다. 개인적 특수 사례의 일반화, 그 일반화가 가져오는 오류를 나는 수시로 느낄 수 있었다. 상당수가 자신이 손님이었

월화수 쉬고 목금토일만 여는 카페

을 상황을 염두에 두고 생각나는 대로 떠오르는 대로 말을 할 뿐이었다.

예를 들어보자.

'메뉴판은 전면에 크게 내걸어야만 손님들이 편하게 주문을 할 수 있어.'

이 의견은 이미 노안이 확실하게 진행돼 있는 50대 지인으로부터 나왔다. 이 50대 지인은 벽이나 주문대 위쪽에 커다란 메뉴판이 게시돼 있지 않으면 주문하기가 어렵다면서 이런 의견을 제시했다. 그는 메뉴판을 주문대 아래에 책받침 형태로 놔둔 곳에 갔다가 화가 나서 그냥 나왔다는 설명도 붙였다. 노안이 진행돼 있는 상태에서 메뉴판을 확인하기가 어려웠다는 것이다. 맞다. 이 50대 지인의 의견은 100% 맞다. 50대 이상 중장년층을 대상으로 하는 카페나, 혹은 다방이라면 당연한 것이다. 하지만 내 카페의 타깃 고객층은 50대 이상의 중장년층이 아니다.

나는 10~30대의 젊은이를 집중 공략할 예정이다. 내가 원하는 손님들은 벽 공간이 너저분해지는 것을 원하지 않는다. 내가 조사한 젊은 소비자들은 이런 개인 카페의 장점으로 단순화된 실내 공간을 꼽았다. 벽을 너저분한 그림이나 메뉴판으로 장식하기보다는 빈 곳으로 놔두기를 원했다. 대신 메뉴판은 주문대 아래쪽에 책받침 형태로 게시하기를 원했다.

나에게 의견을 주신 50대 지인은 메뉴판이 대문짝만하게 걸려있는 카페를 주로 갔고, 거기가 편했을 뿐이다. 그의 의견은 20~30대를 주고객으로 하는 나의 카페에는 맞지 않는다. 소중한 의견이지만, '기각'이었다.

'요즘 스투키라는 식물이 인기더라. 카페 곳곳에 그걸 갖다 놔봐' 라는 의견은 어떤가?

요즘 스투키라는 식물이 실내 장식용으로 확실하게 인기를 끄는 것은 분명했다. 사무실이나 가게, 심지어는 미용실에 가 봐도, 일반가정의 거실에 가 봐도 곳곳에 스투키가 놓여 있다. 하지만 나는 스투키는 가장 피해야 할 식물로 여겼다. 가장 큰 이유는 너무 흔하기 때문이다. 거실에서, 미용실에서, 사무실에서 보던 식물을 우리 카페에서 또 보도록 하는 것, 그것은 손님에 대한 예의가 아니라고 생각했다. 내 마음속에서 스투키나 산세베리아는 최우선 배제 식물이었다. 그런데 한 중장년층 지인은 스투키가 대세라면서 스투키를 내 카페의 메인 식물로 선정하라고 했다.

'기각'

당연히 기각이었다. 스투키를 놓느니, 차라리 아무것도 안 놓겠다는 생각까지 들 정도였다. 하지만 사람들의 마음은 다 그렇고 그랬다. 내가 카페를 개업하게 됐을 때 축하의 마음을 담아 지인들이 보내 주신 화분 중 30% 정도는 스투키였다.

보내 주신 분에게 감사하다는 인사를 전하면서도 나는 스투키 화분을 모두 집 거실에 갖다 놨다. 이 지면을 빌어 죄송하다는 말씀을 전하고 싶다.

그래서 내린 최종 결론은 '어른 생각 배제.' 타깃 고객을 분명히 하고, 그들을 향한 마케팅에 집중하기 위해서는 그 수밖에 없었다. 어른 생각이 들어가면, 마케팅의 방향이 흔들리는 상황이 여러 차례 빚어졌다. 카페 이름을 지을 때도 어른들은 많은 의견을 제시해 줬는데, 모두 내가 추구하는 감성과는 맞지 않았다. 당시 한글 이름을 지어 주신 분도 많았다. 하지만 그 이름은 그분들이 그동안 다닌 전통찻집의 연장선에 있는 점포에나 맞는 것이었다.

생각

그동안 어른의 지성은 대부분 맞았다. 그리고 그 어른의 지성은 나를 안전하게 키워 줬다. 내가 성장하는 동안 나에게 지성의 힘을 빌려주신 부모님, 선생님, 친척, 선배 등 수 많은 어른. 그분들께 감사를 드린다. 하지만, 거기까지다. 그분들의 지성은 나를 여기까지 키워 줬지만, 앞으로의 나를 키워 줄 수는 없다.

앞으로 내가 개척해 가야 할 길은 나의 지성, 내 세대의 지성으로 열어가야 한다. 왜냐하면, 나와 내 세대가 살아갈 세상이기 때문이다. 지금까지는 어른의 지성으로 살아왔지만, 앞으로는 나와 내 세대의 지성으로 살아갈 것이다.

간판을 크게 하라

카 페 리브리베를 개점할 때까지 주변 분들, 특히 나이가 많은 기성세대와의 의견 차이가 컸던 것 중 하나가 간판 이었다. 나는 카페 리브리베의 콘셉트, 규모, 마케팅 방향, 고객 층의 심리 등을 고려해 작고 아담한 간판을 달았다. 하지만 주 변의 기성세대들은 달랐다.

'카페가 아무리 좋으면 뭐하니? 그 가페가 거기 있다는 것을 알아 야 손님이 오지.'
'오가는 사람이 알아채지 못하는 카페가 무슨 의미가 있니?'

한마디로 큰 간판을 달아야만 손님들이 찾아온다는 얘기였다. 하지만 나는 거기에 굽히지 않았다. 사실, 카페 매장으로 정하고 계약을 한 점포 앞에는 디지털로 된 돌출 간판이 하나 달려 있었다. 스위치만 누르면 잘 가동되는 간판이었다. 문구만 간단하게 바꾸면, 카페의 존재를 알리는 데는 최적이라는 생각이 들기는 했다. 하지만 카페의 콘셉트와는 전혀 맞지 않아 철거하기로 결정했다. 하지만 당시도 주변 분들, 특히 기성세대들의 반발이 극심했다.

"저 비싼 것을 왜 떼어내려고 해? 새로 사다가 달아도 모자랄 판인데…."

"아니 우리 카페가 무슨 미용실이나 잡화점도 아니고, 절대 안 달 겁니다."

이렇게 옥신각신하다가 결국, 디지털 돌출 간판은 철거해 당ㅇ마켓을 통해 처분했다. 카페를 공식적으로 열기 전의 일이다. 그 이후 우여곡절 끝에 카페 리브리베는 문을 열었다.

초창기, 카페로 들어오는 손님들을 보고 카페 앞에 있는 작고 아담한 간판을 보고 들어 왔을 거라는 막연한 생각을 하면서 즐거워했다. '역시 내 전략은 적중했다'는 판단도 했다. 하지만 카페를 찾아오는 지인들로부터는 많은 불평이 쏟아지기 시작했다. 인터넷을 통해 위치를 확인하고 왔는데도, 간판이 너무 작아서 찾는 데 어려움이 컸다는 얘기였다. 이런 불평은 정말로 많은 사람에게서 나왔다.

'일부러 찾아오는 사람에게도 잘 보이지 않는 간판'

분명히 이건 문제였다. 개업 초기, 주변 분들의 의견을 받아들이지 않은 것이 화근이었다. 하지만 고집을 부려서 해결될 문제가 아니었다.

'그래 달자.'

카페 리브리베의 1인 CEO 윤예리가 누구인가? 한 번 정하면 추진력 하나는 끝내 주지 않는가? 당장 달았다. '카페'라는 말

아래에 기다란 말꼬리까지 붙인 커다란 간판을 달았다. 애당초 생각했던, 카페의 이미지를 훼손하는 것은 아닐까 하는 생각이 들기도 했지만, 결과적으로 큰 간판 달기는 잘한 일이었다. 그 간판을 보고 쉽게 카페를 찾을 수 있었다는 얘기를 자주 들었다. 큰 간판을 보고 카페의 존재를 알게 됐다는 얘기였다.

선인의 지혜까지는 아니더도, 어른들의 지혜를 뒤늦게나

마 알아차린 셈이다.

간판은 나의 존재를 알리는 역할을 한다. 중·고교 때 입었던 명찰 같은 것이 아닐까? 잠시 그런 생각을 해 봤다. 수백 명의 학생 중에 나를 알릴 수 있는 거의 유일한 표식 아닌가? 하지만 그때 내 명찰만 커다랗게 만들어 달고 다닐 수는 없었다. 그럴 필요도 물론 없었다. 하지만 지금은 달랐다. 전국의 수많은 카페, 아니 대전시, 그중에서도 유성구 일대의 수많은 카페 중에

서 나를 알릴 수 있는 표식 아닌가. 그리고 그 표식의 크기는 내 마음대로 바꿀 수 있는 것이 아닌가?

크게, 더 크게. 그렇게 해서 나를 돋보이게 할 수 있다면, 잠시 나만의 정서는 접어 두기로 했다. 커다란 간판은 그렇게 해서 태어났고, 오늘도 많은 손님을 불러들이는 역할을 하고 있다.

'어른의 말'을 들어야 하는 것도 있다는 생각을 이때 처음 했다. 1인 CEO 윤예리, 정말로 다양한 경험을 한다. 그렇게 하나하나 배워 나갔고, 나는 성장해 갔다.

타깃 고객을 분명히 하라

카 페를 운영하다 보면 재미있는 손님이 참 많다. 그런데 재미있는 손님은 대부분 40대 이상 중장년층이다. 여기서 '재미'는 무슨 뜻일까? '진상 손님'을 말하는 것이다.

이런 경우도 있었다. 40대에서 50대로 보이는 아줌마 4명이 우리 카페를 찾았다. 무엇을 주문하겠느냐고 묻자, 조금 기다리라고 했다.

"금방 나갈 건데 하나만 시키자."

"그럴까, 어차피 조금 있다가 바로 나갈 거니까."

자신들끼리 하는 얘기였다. 우리 카페는 매장이 좁아서 손님들이 하는 얘기가 다 들린다.

"○○ 한 잔 주세요. 우리 금방 나갈 거예요."

"네…."

나는 모든 손님은 소중하다고 여긴다. 그리고 모든 손님의 의견은 최대한 존중해 줘야 한다고 생각하고 있다. 4명이 와서 1잔만 주문하더라도 나는 그분들을 웃음으로 맞이할 준비가 돼 있다.

"잠깐만 기다려요. 앞에 편의점 있네. 가서 커피 좀 사 올게."

"그럴까?"

커피를 내리고 있던 나의 귀에 그런 말이 들렸다. 믿을 수 없는 얘기였지만, 그건 현실이었다.

'어떻게 하지?'

나는 나에게 물었다.

'…'

하지만 나는 대답을 하지 못하고 있었다. 내 마음이 적지 않게 당황하고 있는 게 분명했다. 이런 상황. 예측이나 할 수 있을까?

'문 앞에 외부 음식 반입 불가라고 써 놔야 하나?'

커피를 내리는 손이 굳어 갔다. 아줌마가 문을 열고 대각선 방향에 있는 편의점으로 뛰어가는 모습이 보였다. 내가 커피를 다 내렸을 때쯤, 아줌마가 편의점 커피를 들고 들어왔다. 나는 아무런 말도 하지 않고, 손님들 앞에 내가 내린 커피를 가져다 드렸다. 네 아줌마는 커피를 맛있게 마셨다.

"들었어요? 출근이 다시 미루어진대요. 코로나19가 다시 확산하고 있잖아요."

"아이구 이게 몇 개월째야?"

"이러다가 굶어 죽는 게 아닌가 모르겠어. 언제부터 일을 할 수 있대?"

더 이상 그분들의 말을 들을 수가 없었다. 지난 3월 엄마가 문자 한 통으로 출근을 하지 못하게 된 것이 떠올랐다.

'모두가 힘이 드는구나. 코로나19가 모두를 힘들게 하는구나.'

나는 조용히 디저트를 접시에 담았다.
조용히 아줌마들 테이블로 갔다.

"이거 드시면서 편안하게 말씀 나누세요. 서비스예요."

아줌마들의 눈이 휘둥그레졌다.

"아이구, 고마워서 어떻게 하나?"

아줌마들의 표정에서 긴장감이 사라지는 것을 느꼈다. 커피 한 잔만을 시켜 놓고 있는 그분들의 마음이 불편했던 것이 분명했다. 아줌마는 역시 아줌마였다. 분위기가 누그러지고, 카페 주인이 자신들에게 호의적인 태도를 갖고 있다는 사실을 확인한 아줌마들의 목소리가 높아지기 시작했다. 코리아 아줌마의 담화는 늘 데시벨(dB) 수치를 계속 상승시킨다. 그게 특징이다.

젊은 커플 한 쌍이 카페 문을 열고 들어오려다, 다시 나갔다. 역시 타깃 소비자를 확실하게 하는 것은 어렵다. 연령별로 출입 제한을 할 수도 없다. 어른들이 찾아와서 자리를 차지하고 있으면, 젊은 손님들을 놓칠 가능성이 아주 높다. 하지만 삶을 배운다. 커피 한 잔 시켜 놓고, 4명이 이야기를 할 수 있는 어른들의 뻔뻔함. 하지만 그건 삶이다. 그분들은, 코로나19로 직장을 잃는 등의 어려움을 겪는 상황인 것 같았다. 그분들도 젊은 시절에는, 아니 자신의 힘으로 자신의 삶을 충분하게 영위할 수 있던 그런 상황에서는 그런 뻔뻔함이 없었을 것이다. 누가 그들을 뻔뻔하게 했나? 코로나19인가, 아니면 세월인가?

나도 세월이 가면 저렇게 뻔뻔해질 수 있을까? 아니 뻔뻔해지지 않을 수 있을까?

그런데 놀라운 반전이 있었다. 그 아줌마들이 다녀가시고 나서 꽤 지났을 때의 일이다. 그 4명의 아줌마 중 한 분이 카페에 오셨다. 그날 편의점으로 커피를 사러 가신 분은 아니었다.

"기억해요?"

"아… 지난번에 오셨었지요. 네 기억나요."

"기억해 주니 너무 고마워요."

"아이구 다시 찾아와 주시니 제가 고맙지요."

"오늘 저희 사무실에서 회의를 하려고 하는데 커피 ㅇㅇ잔만 보내 줄 수 있어요?"

"…."

나는 말을 할 수가 없었다.

"그럼요."

"우리들에게 좋은 일이 있었다우. 코로나19로 문을 닫았던 사무실이 다시 문을 열게 됐어요."

"아 그랬군요. 정말 잘됐네요."

대충 상황이 짐작됐다. 코로나19로 폐쇄된 사무실이 다시 가동된 모양이었다. 그분의 주문은 코로나19 사태로 매출이 뚝 떨어진 상태에서 매출에 큰 도움이 됐다. 감동으로 벅차오르는 마음을 진정시켜가면서 커피를 내렸다. 그리고 나는 속으로 이런 인사를 했다.

'아줌마들 죄송했어요. 제가 뻔뻔하다고 생각해서요.'

이게 삶인가? 이게 사업인가?

요즘의 마케팅에서 모든 사람에게 상품이나 서비스를 제공할 수는 없다. 타깃 소비자를 분명히 해야만 한다. 카페를 열기 전에도 그런 생각을 했지만, 카페를 열고 나니 그런 생각이 더 강해졌다. 어떤 때는 40~50대 손님이 "몇 사람이 모여서 회의를 해야 하는데 가능할까요?"라고 제안해 오기도 했다. 나는 그때마다 정중하게 거절하고는 했다.

"정말 죄송합니다만, 저희 매장은 너무 좁아서요. 다른 손님들에게 폐가 될 것 같아서요. 요 골목 돌아서 저쪽으로 가시면 좀 크고 여유가 있는 카페가 있는데 거기로 한 번 가 보시죠. 정말 죄송합니다."

이렇게 손님을 돌려보내는 경우도 종종 있었다. 나의 타깃 소비자는 분명했다. 나는 내 나름대로 상권을 연구했고, 시장을 세분화했다. 그리고 20~30대 젊은 손님들에게 최고의 만족을 드리는 것, 그것을 내 사업의 기본 정신으로 삼았다.

이번에는 아줌마들에게 도움도 받았지만, 타깃 소비자에 대한 원칙은 양보할 수 없는 일이었다.

코끼리의 거리 두기

'거리 두기'

만약, 코로나19 사태가 터지기 전에 이 말을 들었다면, 급격한 도시화 속에 갈수록 각박해지는 우리 사회의 슬픈 모습이 떠올랐을 것이다. 같은 층 아파트의 이웃집 사람과 인사도 나누지 못하고 살아가는 요즘 사람들. 그랬다. 요즘 사람들은 코로나19가 오기 전부터 참으로 잘 해왔다, 그놈의 거리 두기. 하지만 생각해 보면 사람과 사람이 일부러 거리를 두고 살아야 하는 것은 슬픈 일이다.

거리를 두지 않고 사는 것이 바람직하다. 그래야만 삶이 따스해지고 여유로워진다. 우리가 친구를 만나고, 가족을 찾는 것도 '사회적 동물'인 인간의 본능 때문일 것이다. 그런데도 우리는 언젠가부터 자꾸만 거리를 두면서 살아왔다. 코로나19 사태가 찾아올 것을 알고 예행연습이라도 한 것처럼 말이다.

코로나19 사태가 터지고 나서, 정부 당국자, 지자체 당국자의 입에서 가장 많이 나온 말이 이 '거리 두기' 아닐까? 그 앞에는 '사회적'이라는 말이 붙는다. 이를테면 '사회적으로 거리를 두자'는 얘기인 셈인데, 같은 층 아파트 주민과 인사도 하지 않고 사는 생활을 더욱 열심히 하자는 얘기 아닌가? '사회적 거리 두기'에서 나타나는 이런 부정적인 느낌 때문에 어떤 언론은 '사회적'이라는 용어를 '물리적'이라는 용어로 바꾸기도 했다. 정말로 맞는 얘기라는 생각이 들었다. 사회적 거리 두기라는 말에서는, 앞으로의 관계에까지 거리를 두자는 느낌이 든다. 코로나19 사태 속에서의 거리 두기는 단지 물리적으로 1m, 2m의 거리를 두자는 얘기 아닌가?

생각만 해도 끔찍하다. 우리 사회가 사회적 거리 두기가 계속 진화한다면 사람들은 계속 관계를 끊게 될 것이고, 종국에는 우리 리브리베 같은 카페도 찾지 않게 될 것 아닌가? 그렇다. 물리적 거리 두기가 맞다.

카페 리브리베에 있어서 이 거리 두기는 뭘까, 목을 조르는 느낌으로 다가왔다. 매장 면적이 10평에 불과하고, 주방 등을 빼면 손님을 받을 수 있는 면적은 그 절반에 불과한데, 여기서 거리를 두라고? 처음에는 '죽으라'는 말로 들렸다. 한 번에 받을 수 있는 손님이 어차피 한 자릿수인데, 그걸 반으로 줄이라는 얘기가 아닌가? 하지만 어쩌겠는가? 모두가 살기 위해 사회적 거리 두기가 아니라 물리적 거리 두기를 한다는데 나도 당연히 따라야만 했다.

카페 리브리베에서 물리적 거리 두기 실천에 최대 공을 세운 분은 다름 아닌 우리 코끼리였다. 친한 친구가 오픈 기념 선물로 준 그 코끼리 인형이었다.

사연은 이렇다. 마스크를 카페 리브리베의 디자인 아이템으로 쓸 수는 없을까? 요런 생각을 하게 된 것은, 나를 포함한 모든 사람이 마스크를 생활하게 되면서부터다.

카페 리브리베에는 좌석과 좌석 사이를 구분 짓기 위해 코끼리 인형을 놔두고 있다. 어느 날 이 코끼리 인형에 마스크를 쓰게 하면 어떨까, 하는 생각이 들어서 해 봤더니 너무 귀여웠다. 까만색 코끼리였기에 하얀색 마스크를 씌웠다. 손님들이 너무나 좋아해 주셨다. 더구나 마스크 착용의 중요성까지 알릴 수 있게 되니 일석이조라는 생각이 들기도 했다. 가끔씩 방문해 주시는 지자체의 방역 관계자분들도 좋은 아이디어라면서 칭찬해 주셨다. 거리 두기를 위해 손님이 앉아서는 안 되는 자리에 나는 이 마스크를 쓴 코끼리를 놓아뒀다. 하얀색 마스크를 쓴 이 코끼리는 사람과 사람이 거리를 두게 하는데 큰 역할을 했다. 하지만 코끼리는 사람과 사람이 '사회적으로' 거리를 두

월화수 쉬고 목금토일만 여는 카페

게 하는 것을 막는 역할도 했다.

　"너무 귀여워요."

　손님들은 물리적 거리 두기 속에서도 서로 이런 말을 하면서
사회적 친근감을 놓지 않으려고 애를 썼다. 물리적으로는 떨어
져 있지만, 서로의 생각은 연결돼 있는, 다시 말하면 사회적으
로는 거리가 생기지 않는 상황. 마스크를 쓴 귀여운 코끼리를
서로 보면서, 물리적 거리 두기 중인 손님들이 사회적으로는 공
감을 하게 된 것이다.

카페 리브리베의 코끼리.
너는 정말 대단한 놈이야.

춤추는 매출

코로나19 사태 당시 어떤 사람은 폭삭 망하고, 어떤 사람은 떼돈을 벌었다. 물론 폭삭 망한 사람이 훨씬 많았다. 하지만 떼돈을 번 사람은 정말로 상상할 수 없이 많은 돈을 벌어들였다. 음식점을 하던 한 지인은 8명이던 직원의 수를 2명으로 줄였는데도 매월 1,000만 원의 적자가 발생했다고 했다. 그런데 온라인과 비대면을 기반으로 하는 상당수 업체들은 돈을 긁어모았다. 사상 최대 매출, 사상 최대 이익을 올리는 기업이도 속출했다. 하지만 골목상권은 고사 직전의 상황이 이어졌다.

카페 리브리베라고 어디 가겠는가? 1인 CEO 윤예리라고 무슨 뾰족한 방법이 있겠는가?

고백한다. 코로나19 사태 속 개업 초기, 내가 새로 세운 목표. 이건 지금까지 그 누구에게도 공개하지 않은 것이다.

· 기본적인 매출 목표는 임대료와 공과금, 재료비를 내는 것으로 한다.
· 내가 출퇴근을 하고 식사를 하는 데 드는 비용과 사회 활동을 하는 데 드는 비용을 마련하는 것으로 한다.
· 내 인건비를 버는 것은 코로나19가 끝날 때까지 미룬다.

코로나19 사태가 종료될 때까지의 내 목표는 이것이었다. 물론 코로나19 사태로 급히 수정된 것이었다. 쉽게 얘기하면 인건비는 포기하는 대신 코로나19 상황이 종료될 때까지 적자를 내지 않으면서, 망하지 않고 즐긴다는 것이었다. 그것이 나의 목표였다.

물론 코로나19 사태 이후의 내 목표는 따로 있다. 세부 내용은 비밀이지만, 나의 비전과 목표는 앞으로 차차 풀어내도록 하겠다.

카페 비브리베의 매출 변화는 '미침'의 연속이었다. 코로나19 속에 문을 연, 어떤 사람의 표현대로 '자살골 개업'을 한, 리브리베의 매출은 기대치(예상치)를 언제나 크게 밑돌았다. 어떤 때는 애초 목표치의 10~20%에 불과한 경우도 많았다. 세상이 미쳤듯이, 매출도 미쳐 있었다. 매출은 코로나19의 확산 상황에 따라 춤을 쳤지만, 매출을 춤추게 하는 것은 그뿐만이 아니었다. 장마, 폭우, 폭염, 추위, 폭설 등 다양한 일기 변화가 매출을 미치게 했다. 거리 두기 단계가 4단계로 올라간 뒤에는 0원을 찍는 날도 솔직히 있었다.

또 한 가지 고백한다. 월세도 못 낼 정도의 매출을 기록한 경우도 있었다. 물론 다음 달 영업으로 해결했기 때문에 지금까지 인건비를 제외하고 적자는 기록하지 않고 있다.

최악의 상황은 수시로 찾아왔다. 물론 이런 최악의 상황은 다음 달 또는 그다음 달 상황이 개선되면서 해소할 수 있었다. 최악의 상황은 찾아올 때마다 절망이었는데, 그 최악의 '최(最)'는 갈수록 정도가 세졌다. 그러다가 어떤 때는 매출이 급격히 뛰기도 했다. 오후 9시 이후 영업이 금지되고 배달과 테이크아웃만 허용될 즈음 매출은 최고점을 찍기도 했다. 나는 그런 상황을 기회로 판단하고, 배달에 모든 힘을 쏟았다. 주변 카페가 대부분 문을 닫았지만, 나는 12시까지 문을 열어놓고 주문을 기다렸다.

ㅇ민은 부지런히 나의 커피를 날랐고, 매출은 올라갔다. 이 이야기는 다음에 다시 다루겠다. 하지만 그런 전성기도 잠시뿐이었다. 확진자 수가 다시 감소하면서, 거리 두기 단계가 다시 조정되고 영업 시간이 연장되자 배달이 줄었고, 그에 따라 매출

은 다시 급락했다. 어느 장단에 춤을 춰야만 할까? 도대체 알 수 없는 상황이 계속됐다. 매출은 개업 이후 계속 춤을 췄고, 나의 머릿속은 그 춤의 횟수만큼 복잡해졌다.

하지만 코로나19 기간 동안 나는 나의 목표를 이루었다.
'적자도 내지 않고, 망하지도 않는다'는 그 목표.

리브리베 배달에 나서다

코로나19 사태는 도대체 언제나 해결될 것인가? 많은 사람은 답답해했다. 상당수의 국민이 코로나 블루(우울)를 겪고 있다는 뉴스가 나왔다.

코로나19가 정점을 찍게 될 즈음, 식당과 카페 영업이 오후 9시 이후 금지됐다. 대신 테이크아웃이나 배달은 가능했다. 나는 사실 이 사태를 예견했다. 뉴스 등을 통해 관련 이야기가 자주 흘러나왔기 때문이다.

'이런 상태가 지속되기는 어려울 거야. 나도 배달을 통해 활로를 찾아야 해.'

방역 당국이 오후 9시 이후 영업금지 조치를 내리기 약 한 달 전쯤 나는 이런 판단을 했다. 그래서 나도 이른바 ○민을 이용하기 했다. 당시 ○민을 이용한 배달을 신청한다고 해도 바로 가능한 것이 아니었다. 그만큼 많은 자영업자가 ○민을 이용한 배달에 나서고 있다는 얘기였다. 나의 순번이 됐을 즈음, 그러니까 나도 ○민을 이용해 배달이 가능해질 즈음, 방역 당국에서 오후 9시 이후 영업금지와 이후 테이크아웃 및 배달 허용 조치를 발표했다. 1인 CEO 윤예리의 예리한 미래 분석과 발 빠른 조치가 바로 빛을 발한 것이었다.

오후 9시 이후 카페와 식당 등의 영업금지 조치가 취해지자, 배달 주문이 폭주하기 시작했다. 카페 리브리베의 영업 시간을 배달 주문이 올 때까지로 무한 연장했다. 밤 12시가 다 돼도 주문이 왔다. 카페 리브리베가 문을 열고 나서 가장 활기를 띤 시간이기도 했다. 행복한 공간, 모두가 쉴 수 있는 휴식의 공간을 자처하고 나선 카페 리브리베의 문은 잠겨 있었지만, 그 안에서 만들어진 맛있는 커피와 음료는 부지런히 사람들의 공간 속으로 달려갔다.

우선 카페 배달 정말 오래걸렸는데 리브리베는 너무 빨리 배달해주셔서 깜짝 놀랐어요!
코로나때문에 밖에 못 나가서 부모님이랑 먹으려고 시켰는데 다른 카페보다 커피가 진하고 맛있다고 좋아하시네용
망고 패션후르츠 에이드도 너무 달달하고 맛있습당
요즘같은 때에 티라미수랑 같이 시켜먹으면 집에서 기분전환하기 딱이네요 👍
너무 정성 가득이셔서 리뷰 이벤트로 보내주신 더치커피도 맛보고 다음에 구매하고 싶어요 🤍

'카페 리브리베의 편안함과 그 독특한 맛을 통해 행복을 배달합니다. 행복한 시간 되세요.'

나의 커피가, 나의 음료가 오토바이를 타고 길을 떠날 때마다 나는 그런 생각을 하곤 했다.

'더 이상 코로나 우울은 없다.'

나는 이런 생각도 자주 했다. 코로나19 사태가 이어질 당시 나도 가끔씩 우울해지거나 불안해지는 것을 느끼곤 했다.

'나의 이 커피 한 잔이 어느 원룸 속에서 답답한 생활을 하는 어떤 고객분의 마음에 위로를 줄 수만 있다면, 얼마나 좋을까?'

이런 생각을 하면서 나는 나의 우울을 날려 버리곤 했다.

생각

잘 싸웠다. 우리는 정말로 잘 싸웠다. 한 번도 경험해 보지 못한 이 코로나19와의 전쟁에서 우리는 살아남았다. 나는 커피를 열심히 내렸고, ○민의 배달 전사들은 열심히 달렸다.

어느 원룸 안에서 기획서를 쓰고 있던 재택근무자, 직장을 구하기 위해 이력서를 쓰고 있던 구직자, 그런 한 분 한 분들이 내가 내린 그 커피를 한 잔 마시면서 힘을 냈는지 모른다.

코로나19 시대의 영웅이 많다. 수많은 병·의원에서, 생활치료센터에서, 검사소에서 코로나19와 정면으로 싸우신 의료진은 우리에게 얼마나 많은 힘과 용기를 주었나? 그분들의 수고에 절로 고개가 숙여진다. 하지만 그분들만 싸운 게 아니다. 나도 싸웠고, 오토바이를 타고 배달에 나선 그분들도 치열하게 싸웠다.

모두가 싸웠다. 잘 싸웠다. 싸워 보니까 알겠다. 싸우는 것이 우리의 삶이라는 것을.

어떤 때는 지인들의 '자원봉사'로 커피 등을 배달하기도 했다. 나를 늘 응원해 주는 주변분들 중 일부는 자신의 차로 직접 카페 리브리베의 커피와 음료, 디저트를 배달해 주기도 했다. 참으로 고마운 분들이다. 그분들의 힘으로 버틸 수 있었다. 이렇게 어려울 때 손에 손잡고, 어깨와 어깨를 걸고 싸우는 것 또한 우리의 삶이 아닐까?

1인 CEO 윤예리, 많은 것을 배우고, 또 배운다.

임대료와의 전쟁

1인 CEO가 되고 나서 느낀, 아니 온몸으로 절감한 것 중 하나가 '조물주'보다 더 높고 세다는 '건물주'의 존재였다. 주변에서 부모님의 건물에서 보증금이나 월세 없이 편안하게 사업을 하는 사람도 이따금 보게 되는데, 그렇게 부러울 수가 없었다.

'우리 부모님도 아래층에 점포가 있는 건물 한 채 갖고 계시면 좋았을 걸…'

가끔씩 이런 생각을 하곤 한다. 참으로 한심한 생각이지만,

길을 가다가 정말로 멋진 점포를 볼 때마다, 바보처럼 그런 생각에 빠져들기도 하는 것이 사실이다.

코로나19 사태가 장기화하면서 '착한 임대인'에 대한 소식이 여기저기서 들렸다. 손님이 줄고 매출이 감소하고 있는 만큼, 임대료를 깎아 주거나 심지어는 면제해 준다는 '착한 임대인'이 곳곳에서 나오고 있다는 얘기였다. 코로나19 상황에서 어쩔 수 없이 문을 열고 어렵게 운영해 가던 나도 이런 착한 임대인을 기대한 것도 사실이다.

'혹시 우리 건물 주인도 깎아 주시려나….'

마음속으로 그런 기대를 한 것이 사실이었다. 그러던 어느 날 건물주로부터 연락이 왔다.

"공동으로 내는 수도 요금이 너무 많이 나오는데, 조금 더 내줘야겠어요."

"아…."

나의 입에서 더 이상 말이 나오지 않았다.

"아, 예."

기어들어 가는 목소리로 답을 할 수밖에 없었다. 그나마 임대료 자체를 올려 달라고 요구하지 않은 것이 다행이라고 생각했다. 사실 내가 들어가 카페를 열고 있는 건물은 그렇게 고급스럽지도, 크지도 않다. 건물주가 엄청난 돈을 벌고 있는 분은 아니라고 나는 느꼈다. 처음 계약할 당시 인사드린 건물주의 인상도 참 좋았다. 나와 똑같은 서민이었다.

'건물주도 사정이 있으시겠지….'

임대료 부담을 줄여 주실 것이라는 기대는 깨졌지만, 나는 건물주를 원망하지는 않았다.

'오죽했으면, 그러셨을까?'

이 말은 어쩌면 나에게 하는 것인지도 모를 일이었다. 나를 설득하기 위해 나에게 한 말일 수도 있었다. 때로는 내 말에 내가 말대답을 하기도 했지만, 나는 나를 이렇게 설득했다.

'처음에 임대료 부담을 크게 주지 않으셨잖아. 그러니까 네가 이해해야지.'

윤예리는 1인 CEO를 그렇게 설득했다. 이 세상에 구세주는 없다. 구세주 같은 건물주를 만나기도 쉽지 않다. 그게 또 세상인 것이다.

'정부 지원금' VS '지자체 지원금'

여러 차례 이야기하지만, 2020년 초부터 2022년까지 나의
생활을 한마디로 표현한다면, '코로나19와의 전쟁'이 아
닐까 싶다. 물론 우리 정부의, 우리 국민의, 우리 인류의 생활도
'코로나19와의 전쟁'으로 요약할 수밖에 없을 것이다.

코로나19와 떼어 놓고 카페 리브리베를 생각할 수는 없다. 어
떤 때는 코로나19가 만든 거대한 성벽을 혼자서 기어 올라가는
느낌이 들기도 했다. 어떤 때는 코로나19가 만들어 놓은 깊은
수렁에 빠지는 느낌이 들기도 했다. 그러나 내가 살아가고 있
는 대한민국은 약하지 않았다. 세계적으로 보면, 코로나19를
모범적으로 대응한 모델 국가 중 하나였다. 확진자 수를 통제

해가면서 경제를 다시 살려 나가는 코리아의 모습을 보면서 박수를 보내기도 했다. 하지만 답답한 것도 있었다. 당국에서 일하는 분들의 '탁상행정'이 그것이다.

우리 정부와 지자체는 코로나19로 어려움을 겪고 있는 자영업자들에게 몇 차례 지원금을 지급했다. 반가운 일이 아닐 수 없었다. 하지만 나는 이 지원금을 제대로 받을 수 없었다.

나는 2019년 A기관의 창업 지원 대상자로 선발이 됐고, 그해가 가기 전까지 사업자 등록을 해야만 했다. 카페 리브리베를 열기 4개월 전인 2019년 11월에 나는 사업자등록을 했다. 사업자 등록은 했지만, 문을 열고 영업을 한 것이 아니기 때문에 매출이 발생하지 않았다. 당연히 매출은 '0원'이었다.

2020년 4월 문을 열고 나서 코로나19는 급속도로 확산했고, 정부는 국민 모두에 대한 재난지원금 이외에 자영업자들에 대해서는 보상 성격의 재난지원금을 지급하기로 했다. 초기 자금이 대부분 소진된 상태인 데다 코로나19로 매출이 거의 발생하기 어렵던 상황에서 이 지원금은 가뭄에 내리는 한줄기 비와 같은 것이었다. 그래서 많은 기대를 하고 있었다.

'역시, 우리 대한민국은 최고야.'

나 같은 자영업자를 챙겨 주는 우리 정부에 대해 감사의 마음을 느꼈던 것이 사실이었다. 기대가 크면 실망도 크다고 했던

가? 차라리 기대를 하지 말 것을…,

"지급 대상이 아닙니다. 2019년보다 매출이 줄었어야 하는데, 줄지 않았잖아요."

날벼락 같은 얘기였다. 또 눈에서 눈물이 주루룩 흘러내렸다. 차라리 기대나 하지말 것을…. 담당 공무원에게 아무리 설명을 해도 그건 안 된다고 했다. 2019년 말에 사업자 등록을 하고, 코로나19 사태로 개업일을 늦추고 늦추다 4월에 뒤늦게 개업해 눈물의 영업을 하고 있는 상황. 이 어려운 상황을 설명했지만, 그 누구도 들어 주려 하지 않았다. 이런 상황을 고려하지 못하는 정부, 그곳에서 일하는 공무원들의 경직된 사고에 대해 화가 났지만, 나는 나약한 초보 사업자일 뿐이었다.

가게 앞을 물끄러미 바라보다가 개미 한 마리를 발견했다. 길을 건너기 위해 부지런히 가고 있었다.

'저 개미를 누군가 지나가다 밟으면, 지나가는 차가 밟고 지나가면 죽을 텐데….'

그 순간 내가 그 개미와 똑같은 형편이라는 생각이 스쳤다. 나는 나에게 재난지원금을 듬뿍 지급하는 마음으로 그 개미를 얼른 집어 들었고, 풀이 있는 곳에 놔줬다.

이후 지자체가 지급하는 재난지원금은 무사히 받을 수 있었다. 과거의 매출 등을 따지지 않고, 당장 위기에 빠진 자영업자를 지원하겠다는 지자체의 판단에 따른 것이었다.

'정부보다 지자체가 낫네….'

나의 사정을 들은 한 지인이 이런 말을 했다.

어찌 됐거나 지자체의 지원금은 진짜로 가뭄의 단비였다. 그걸 받아서 그동안 사고 싶던 오븐도 하나 들여놨다. 쿠키 등 판매 품목을 늘려 나가겠다는 나의 구상에 힘을 실어 준 것 역시 지자체의 지원금이었다. 물론 이후 지급된 일부 정부지원금은 지급 기준 등이 바뀌면서 나도 받게 된 적도 있다.

월화수 쉬고 목금토일만 여는 카페

프로모션에 온 힘을 써라

코로나19 사태로 세상은, 그리고 시장은 변하고 있었다. 빠른 속도로 바뀌고 있었다. 기존의 마인드로는 더 이상 사업을 전개하기가 어려운 상황이 됐다. 코로나19 확산 추이와 정부의 거리 두기 단계에 따라 매출은 늘 출렁거렸다.

'매출을 좀 안정적으로 유지하고, 조금씩 성장시켜 나가는 방법은 없을까?'

나의 머릿속에서는 이 생각이 떠나지 않았다. 매출이 멀미가 날 정도로 춤을 추고 있었기 때문이다. 그때 떠오른 것이 '리브리베 선물 쿠폰' 발행이었다. 먼저 대금을 지급하고 리브리베의 선물 쿠폰을 사다가 주변 사람들에게 선물로 줄 수 있도록 한 아이템이었다. 판매량이 많지는 않았지만, 나름 짭짤했다. 실제로 비용이 지출되지 않은 상태에서 대금이 들어오게 되니 경영 자금을 돌리는 데도 꽤 도움이 됐다. 대학이나 기관에서 강의를 하는 한 강사는 수강생들에게 경품으로 지급하겠다면서 ○○매를 사 가시기도 했다.

"역시, 일은 저지르고 보는 거야."

쾌재를 불렀다. 작은 시도였지만, 긍정적인 결과가 나왔기 때문이다. 출렁이는 매출을 안정시키기 위한 시도는 계속 이어졌다.

'선물 세트를 만들면 어떨까?'

2021년 설을 앞두고 '설 선물 세트'를 출시했다. 더치커피와 쿠키로 구성한 선물 세트는 예상 밖으로 반응이 좋았다. 원가가 생각보다 많이 들어서 남는 것이 많지는 않았지만, 리브리베의 브랜드를 알리고 고객층을 넓히는 데 큰 힘이 되었다.

주변의 지인 중에도 카페 리브리베의 선물 세트를 구매해 주시는 경우도 꽤 있었다. 결과적으로 선물 세트 출시는 사업 품목의 다각화라는 측면에서 아주 큰 의미가 있었다.

나의 기세는 올라갔다. 다양한 아이템을 다루면 그만큼 매출이 오른다는 것을 경험했기 때문이다. 2021년 가정의 달을 앞

두고서도 선물 세트를 내놨다. 선물 세트는 대전 이외 지역까지 나가면서, 리브리베의 사업 영역을 넓히는 역할을 했다. 당시 직접 배달에 나섰는데, 대전에서 1시간 거리인 충남 천안에까지 다녀오기도 했다. 리브리베의 상권이 확대되는 느낌이 들어 기분이 좋았다.

그러던 중, 의외의 주문이 들어오기도 했다. 리브리베의 손님 중에서 결혼 후 결혼식 답례품을 준비하는 분이 있었는데 그분이 대량의 주문을 해 온 것이었다.

"130개만 만들어 주실 수 있을까요."

리브리베가 생긴 이후 최대의 주문이었다. 이 주문에 맞추기 위해 나는 이틀 동안 밤을 새워야 했고, 4~5명의 임시 인력을 충원해야 했다. 정말로 손이 많이 가는 작업이었다. 가장 어려운 것은, 매장은 매장대로 운영하면서 답례품 세트를 준비해야 한다는 것이었다. 쿠키를 굽고, 제품을 포장하고 박스에 담는 일은, 영업이 모두 끝난 밤에 주로 이루어졌다.

납품 일이 다가왔다. 애초 납품 예정 시간은 오후 9시 30분.

전날 밤을 새워 작업을 했지만, 일을 끝낼 수가 없었다. 그렇다고 낮 시간대에 카페의 문을 닫을 수도 없는 노릇이었다. 오후 7시, 주변 사람들에게 SOS를 쳤다. 후원자들이 몇 명 오셔서 작업을 도왔다. 하지만 130개의 세트를 준비하는 것은 결코 쉬운 일이 아니었다. 구운 쿠키를 바로 포장할 수도 없었다. 적당히 식힌 뒤에나 포장이 가능했다. 아무리 봐도 오후 9시 30분을 맞추기 어려워 보였다.

"정말로 죄송합니다. 제가 가장 맛있는 상태의 쿠키를 보내 드리기 위해 일을 열심히 하고 있는데 아무래도 11시까지 갈 수밖에 없을 것 같습니다."

이렇게 말을 할 때까지만 해도 주문해 주신 고객께 너무나 죄송해서 말이 잘 나오지도 않았다.

"아, 그러시군요. 괜찮아요. 저희가 일찍 자는 체질이 아니거든요. 어차피 내일 회사 동료들에게 드릴 답례품이니까, 그때 갖다주셔도 돼요."

안도의 한숨을 내쉰 나는 도와주시는 분들과 함께 열심히 세트를 만들어 주문 장소까지 갈 수 있었다. 새로 결혼하신 두 분이 나오셔서 반갑게 맞아 주셨다. 아직도 온기가 남아 있는 쿠키와 커피 등 답례품 세트를 넘겨 드리고 왔다.

"휴…!"

월화수 쉬고 목금토일만 여는 카페

이제 끝났네. 기분이 날아갈 것 같았다. 대량의 주문이 들어온 것도 기뻤고, 그 주문에 무사히 대응할 수 있었던 것도 기뻤다.

대전 지역 연고 팀인 KGC인삼공사 프로배구단 소속 스타 선수의 팬들이 선수를 위한 선물세트를 대량으로 주문해 줘서 신바람 나게 납품을 완료한 경우도 있다. 이런 일이 잦아지니까, 카페 리브리베의 영역이 한층 넓어진다는 생각에 뿌듯한 느낌이 밀려들기도 했다.

그런 일이 있는 날 나는 도와주신 분들과 함께 정말로 즐겁고 흐뭇한 저녁 시간을 보내곤 한다.

'이런 재미로 사업을 하나 보다.'

그런 생각을 하면서…

그런데, 그런데…

프로모션을 강화하고, 취급 품목을 기존 커피 등 음료 중심에서 커피와 디저트를 기본으로 하는 기념품과 답례품을 새로운 전략 메뉴로 내놓는 프로젝트는 나중에 정말로 멋들어지게 적중한다. 아니 카페 리브리베를 구해 내는 구세주가 된다. 결국, '워라밸'을 가능하게 한 결정적인 요소가 된다.

이 이야기는, 나중에 아주 나중에….

외국인들도 좋아하는 카페
리브리베

내가 사는 대전을 많은 사람이 '노잼(재미가 없는)'의 도시라고 한다. 내가 살아가고 있는 대전에 대해 자부심을 갖고 살아가고 있는 내 입장에서 이런 평가에는 절대로 찬성할 수 없다. 대전에는 재미있는 것, 흥미로운 곳이 널려 있다.

대전에는 계족산이라는 산이 있는데, 여기에는 맨발 걷기 코스가 있다. 이 맨발 걷기 코스는 대전의 자랑이다. 이 세상 그 어디에도 이렇게 길고 완벽한 맨발 걷기 장소는 없다고 나는 생각한다.

깊은 산속 길을 맨발로 걷는다는 것. 이것은 우리 인간이 동물의 원초적 입장으로 돌아간다는 말과 같은 것이다. 맨발 아래로 전해 오는 빠알간 황토의 그 부드러운 느낌. 걸어 보지 않은 사람은 상상도 할 수 없는 황홀함을 느낄 수 있다. 여름에는 계족산의 맨발 걷기 코스를 걷다 보면, 반딧불이도 만날 수 있다.

동네 빵집 성심당은 또 어떤가? 그 풍부한 맛과 거기에 담겨 있는 재미있는 이야기들. 대전을 가장 대전답게 하는 것들이다. 대전역 주변 철도관사촌, 뿌리공원, 은행동의 스카이웨이, 한밭수목원 등 가 볼 곳, 들러 볼 곳이 너무나 많다. 얼마 전 문을 연 신세계백화점의 신규 점포인 '아트앤사이언스'도 요즘 대전의 핫플레이스로 뜨고 있다.

그런데도 대전에는 외국인 손님이 많지 않은 편이다. 아직 대전의 강점이, 대전의 재미가 덜 알려졌기 때문일 것이다. 이런 상황에서 외국인 손님이 우리 카페까지 찾아와 주기는 쉽지 않다고 생각하고 있었다. 그런데 가끔씩 카페 리브리베를 찾아 주는 외국인(주로 국내에 거주하는 외국인) 손님이 있다. 물론 가장 많은 경우는 내 지인의 소개로 오시는 분들이다. 대전에 온 외국인을 어디로 모실까, 고민하다가 그래도 다른 카페와는 색다르게 꾸며지고, 나름대로 개성 있는 인테리어와 독특한 방식의 마케팅을 펼치는 카페 리브리베로 안내해 주시는 경우가 꽤 많다. 그동안 동서양을 막론하고 꽤 많은 외국인 손님이 다녀갔다. 반응은 제각각이지만, 거기에는 공통점이 하나 있다.

한국에 유독 많은 ○타○스 등 대형 카페에 흥미가 없는 손님들이 리브리베만의 색다름에 관심을 갖는다는 것이다.

"독특해요."

이런 평가가 있는가 하면,

"내가 살던 곳(자신의 국가)에 있는 그 카페에 온 것 같은 편안함을 느낄 수 있어요."

요런 평가도 가끔 있는데, 주로 일본 쪽 손님으로부터 많이 나오는 평가다.

"도쿄의 시타마치(서민 주택가)에 있는 카페인 줄 알고 깜짝 놀랐어요."

"자연스러움이 가장 좋은 것 같아요."

"인테리어를 나무색으로 해서 마음이 편안해져요."

"가게가 좁아서, 마치 일본에 있는 것 같아요."

일본 쪽에서 온 손님들은 대략 이런 평가를 많이 내린다. 일본인이 아니고 일본에서 살다 온 한국인들도 비슷한 이야기를 한다. 일본인이나 일본에서 살다 온 한국인들의 이런 평가는 나의 의도를 정확하게 꿰뚫은 것이다.

사실 나는 카페 리브리베를 남·녀 모두가 즐길 수 있는 카페로 만들고 싶었다. 핑크색 계열이나 흰색 계열로 꾸민 카페는 여성에게 주로 어필할 수 있다는 판단에 따라 나는 남성들도 편안하게 즐길 수 있는 인테리어를 고집했다. 사실 이런 구상은 일본에서 생활할 때 골목길에 있는 작고 아담한 카페를 드나들 때부터 해온 것이었다.

'내가 카페를 만든다면, 남녀 구분 없이 편안하게 쉴 수 있는 공간으로 만들고 싶어.'

미국이나 아일랜드, 영국 등 서양 쪽에서 온 손님들의 반응도 크게 다르지 않았다. 대체로 자연 소재를 이용한 내장에 대한 평가가 좋았다. 이런 평가를 들으면서 늘 생각하는 것이 있다. 어떤 공간에 대한 평가는 나라에 따라, 문화에 따라 크게 다르지 않다는 것이다.

한국 손님들도 기본적인 평가는 비슷했다. 원래 우리 인류는 같은 조상 아닌가? 가끔 이런 생각을 하면서, 내가 고집한 디자인 콘셉트에 대해 만족감을 맛보곤 했다.

SNS로 고객을 잡아라

MZ세대와 소통… 회장님은 지금 '인스타그램 중'

얼마 전에 언론에 이런 제목의 기사가 나온 적이 있다. 재벌 총수들까지 인스타그램 등 SNS(사회관계망 서비스)를 통해 고객들과 소통하고 있다는 얘기다. 재계 총수들 사이에서 인스타그램이나 페이스북 등 SNS를 개설하는 사례가 잇따르고 있는데, 그 대상이 MZ세대라는 분석도 나왔다. 재계 총수들이 대중 앞으로 직접 나가게 되면 기업의 이미지를 높이는 데 큰 도움이 된다고 한다. 어떤 SNS 이용자들은 재계 총수들을 'ㅇㅇ이 형' 등의 애칭으로 부르기도 한다고 한다.

최태원 SK그룹 회장은 자신의 인스타그램 계정에서 배구 스타 김연경 선수의 팬이라는 사실을 밝혀 화제가 되기도 했다. 최 회장은 2020도쿄올림픽 여자배구 3·4위전이 끝났을 때, 자신의 인스타그램에 김연경 선수와 과거 함께 찍은 사진을 공유하면서 "자랑스럽다"는 메시지를 올렸다. 언론 등에 따르면, 최 회장은 최근 개인 인스타그램 계정을 개설하고 SNS를 통한 소통에 공을 들이고 있다고 한다. 정용진 신세계그룹 부회장도 SNS를 통한 활동을 열심히 하는 것으로 알려져 있다. 프로야구 SSG랜더스의 구단주이기도 한 정 부회장은 자신의 인스타그램에 SSG랜더스 유니폼을 입은 사진을 올리기도 했다. 정 부회장의 인스타그램 팔로워는 수십만 명에 이르는 것으로 알려져 있다. 박용만 두산인프라코어 전 회장도 SNS를 통해 자신을 알린다고 한다. 세계적인 전기자동차 기업인 테슬라의 일론 머스크 CEO. 그도 SNS 활동을 열심히 한다. 그는 트위터(현 X) 등의 활동을 통해 자신의 메시지를 대중에게 전달하곤 한다. 그는 한때 가상화폐 관련 발언 등으로 세계적인 논란을 불러일으킨 적도 있다. 일론 머스크는 현재 X의 소유주가 돼 있다.

최태원, 정용진, 박용만, 일론 머스크 그리고 윤예리.

이 사람들의 공통점은 무엇일까? 바로 CEO급 인사라는 것이고, 또 하나는 SNS를 통한 홍보를 하고 있다는 점이다. 적은 자본으로 사업을 시작한 나에게 SNS는 정말로 좋은 무기가 됐다. 나는 인스타그램을 통해 고객들에게 카페 리브리베의 존재를 알렸고, 고객들과 소통했다. 코로나19 사태 당시 백신 접종을 위해 갑자기 휴업을 할 때도 나는 인스타그램을 통해 고객들에게 불가피하게 카페 문을 닫아야 한다는 사실을 알렸다.

SNS 홍보의 최대 강점은 지리적 한계를 가볍게 뛰어넘을 수 있도록 한다는 것이다. 먼 곳에서도 SNS를 통해 카페 리브리베의 존재를 알고, 특히나 카페 리브리베의 감성을 느끼고 와 주시는 고객님들이 너무나 많다. 나는 사실, 카페 리브리베를 열면서 '홍보'에 운명을 걸었다. (내가 왜 홍보에 운명을 거는 사람이 됐는지는 나중에 다시 설명하겠다.) SNS는 그런 나에게 새로운 길을 활짝 열어 줬다. SNS를 통한 홍보는 내가 가야 할 길임에 분명하다.

'현대차, 유튜브·인스타그램서 홍보 활동 펼칠 MZ세대 모집'

얼마 전에는 현대자동차가 SNS 채널에서 홍보 활동을 펼칠 MZ세대를 모집한다는 기사가 언론에 나왔었다. 현대차는 유튜브·인스타그램 등 SNS 채널을 통해 현대차의 모빌리티 라이프를 홍보하는 'H-스타일리스트'를 모집한다고 했다. 이 회사는 지난 2018년부터 매년 'H-스타일리스트'를 모집해 온라인을 통한 교류에 익숙한 MZ세대들과의 소통을 강화해왔다고 한다.

현대차와 카페 리브리베.

공통점은 역시 SNS를 통해 고객을 만나고자 한다는 점이다.

코로나19 시대를 맞아 세상은 답답해졌다. 사람들의 행동반경은 극도로 제한됐다. 이런 상황에서 공간과 시간을 뛰어넘는 공감을 만들어 준 것이 바로 SNS였다. 나는 결국, '보이지 않는 고객'을 SNS를 통해 끌어들이겠다는 전략을 구사했다. 그분들에게 최상의 서비스를 제공함으로써 멀리서도 다시 찾아오는 손님을 만들기 위해 애를 썼고, 그 전략은 상당 부분 적중했다. 아마도, SNS가 없었다면, 코로나19 사태 속에서 카페 리브리베는 존속하기 어려웠을 수도 있다. 나중에, '월화수 쉬고 목금토일만 여는 카페'를 내건 이후 고객에게 카페의 정보를 알리는 등 소통의 핵심 통로가 된 것도 SNS였다.

2부

1인 CEO로
살아간다는 것

코로나19 시대 1인 CEO 윤예리의 하루: 거기에 '워라밸'은 없었다

1인 카페의 외로움에 대해서는 사실, 사업을 시작하기 전부터 많이 들어서 각오는 하고 있었다.

'앞으로의 생활은 길고 긴, 혼자와의 싸움이 될 것입니다.'

알고 지내는 카페 주인들, 특히 1인 카페 주인들의 한결같은 충고였다. 그런 이야기를 들을 때마다 '마음에 맞지 않는 사람과 같은 공간에서 일하다 스트레스를 받는 것보다는 낫겠지….'라며 스스로를 설득하고, 위로하기도 했다.

사실, 사업 초기에는 외로울 틈이 없었다. 카페 운영과 관련해 벌어진 일들이 너무나 많았기 때문에 정말로 바쁜 시간을 보내야만 했다. 카페 운영이 어느 정도 궤도에는 올랐지만, 코로나19 사태는 여전한 상황에서 '1인 카페' CEO의 고통은 현실로 다가오기 시작했다. 1인 CEO 윤예리는 아침부터 밤늦게까지 모든 일을 혼자서 처리해야만 했다. 문을 열고, 환기를 시키고, 청소를 하고…. 카페 앞을 떡 하고 가로막은 자동차의 운전자에게 연락해 차를 빼 달라고 요구하는 것도 주된 아침 일과 중 하나였다.

아침에는 늘 바빴다. 서둘러 처리할 일이 많았기 때문이다. 문제는 점심시간이 지나고 난 시간대였다. 오후 3시부터 6시 정도까지 온전히 혼자서 지내는 경우가 꽤 많았다. 나는 그 시간을 홍보를 위한 시간으로 활용했다. 인스타그램 등에 올릴 사진을 찍고, 글을 쓰고, 생각하는 시간이었다.

이 책의 자료가 된 그날그날의 메모도 주로 이 시간에 이루어졌다. 온종일 이어지는 혼자만의 시간을 견디는 것은 생각만큼 쉬운 것이 아니었다.

· 어떤 문제가 생겼을 때 마음을 터놓고 의논할 사람이 없다는 것.
· 나의 마음과 행동을 격려해 줄 사람이 없다는 것.
· 늘 외로운 의사 결정을 해야만 한다는 것.

모든 것이 외로움이었다. 혼자만의 결정 속에 힘든 문제가 생기면 부모님이나 언니, 친한 친구, 선배 등에게 상의를 했지만, 늘 그럴 수만은 없는 노릇이었다. 혼자만의 결정은 사실 고통스러운 것이다. 그 결과를 온전히 내가 짊어져야만 하기 때문이다. 결국 늘어나는 '혼자만의 시간'은 스트레스로 변해 나를 공격해 오곤 했다.

대표적인 증상이 소화가 되지 않는 것이었다. 아침에 먹은 것이 그대로인 상태에서 점심을 먹고, 다시 저녁을 먹는 경우도 많았다. 아랫배는 불러왔고 속은 늘 더부룩했다. 하지만 카페를 비울 수는 없는 노릇이었다. 누군가에게 맡겨 놓고 잠시 산책이라도 하고 싶지만, 그럴 만한 사람도 없다. 그래서 궁리해 낸 것이 청소와 정리였다. 어떤 때는 멀쩡한 카페 바닥을 다시 쓸고 다시 닦았다. 어떤 때는 하수구를 마구 청소했다. 냉장고에 들어 있는 식재료를 다시 꺼내 정리하기도 하고, 수납 공간에 들어 있는 용품을 다시 확인하기도 했다. 덕분에 나의 카페는 최고의 청결 상태를 유지했고, 이게 손님들로부터 좋은 반응을 얻는 계기가 되기도 했다.

나는 카페를 늘 최고의 상태로 유지하기 위해 노력했다. 집의 내 방은 늘 어질러져 부모님의 속을 끓이곤 하지만, 내 카페만은 조금의 흐트러짐도 용서하지 않았다.

1인 CEO의 생활은 점차 익숙해졌다. 1인이 모든 것을 결정하고, 그것을 행동으로 옮겨야 하는 상황은 심플한 삶을 가능하게 하기도 했다. 의사 결정에 대한 최종 책임을 내가 짊어져야 했지만, 심플한 결정 과정은 나의 마음을 가뿐하게 하기도 했다. 혼자서 결정해야 하는 상황에서 느껴지는 외로움과 책임감의 무게를 심플한 결정이 가져다 주는 마음의 가뿐함이 상쇄해 주고도 남았다.

그러나 문제는 있었다. 그동안 평범한 삶을 살아온 나의 인간 관계는 기본적으로 '낮'과 '이른 저녁'을 기반으로 맺어진 것이었다. 더 정확하게 이야기하면 오후 6~9시 시간대에 맺어지는 인관관계가 압도적으로 많다. 하지만 카페를 운영하고 나면서 낮 시간과 오후 6~9시 시간대는 온전히 손님에게 주는 시간이 되어 버렸다. 나를 위한 시간, 나의 인간관계를 위한 시간이 거의 존재하지 않았다. 한마디로 사람을 사귈 수 있는 시간이 없었다. 이건 결정적이 약점이었다.

윤예리의 최대 강점이 뭔가? 폭넓고 강력한 인간관계가 아니던가? 그런데 인간관계를 맺을 수 있는 시간을 카페와 카페 손님에게 모두 빼앗기는 상황이 되고 있었다. 뭔가 대책이 있어야만 했다. 내 인생이, 나의 청춘이 이 좁은 카페 속으로 사라지게 할 수는 없지 않은가? 정부가 발표한 여성 평균 나이만 봐도 앞으로 살아갈 날이 60년 이상 남아 있는데….

윤예리가 누구인가?

'시간이 없으면 만들라.'

사람들과 관계를 맺을 시간이 없다면, 시간을 만들면 된다는 생각이 났다.

'이제부터 9시 이후에 사람을 사귀자!'

1인 카페 CEO 윤예리의 인생 작전은 이렇게 바뀌었다. 사실, 카페에서 친구나 선배 등을 만나는 경우도 꽤 많았다. 하지만 그들과 진솔한 대화를 나누기는 어려웠다. 왜냐하면, 나는 늘 손님을 맞이해야 했고, 특히 좁은 매장에서 대표가 개인적인 손님과 큰 소리로 떠들 수는 없는 노릇이었다. 거의 모든 사람과의 약속은 오후 9시 이후로 미루었다. 아니 10시 이후로 미루었다. 거리 두기 단계에 따라 폐점 시간은 유동적이었지만, 늦게 온 손님이 나가기를 기다렸다가 카페를 정리하고 문을 닫고 나면 대략 10시는 되었기 때문이다.

"그래 10시에 만나자."

나의 첫 약속 시간은 대략 밤 10시였다. 물론 배달을 위해서 12시까지 영업을 하는 경우에는 이런 약속은 불가능했다. 다행히 시대가 변해서 밤 10시 이후에 움직이는 사람이 많아졌기 때문에 큰 불편함은 없었다. 그 시간대에 사람을 만날 수 있는 장소도 널려 있었다. 친구나 선배 등 지인을 만나고 나면 대략 밤 12시는 됐다. 그 시간대는 이미 시내버스가 끊기기 때문에 택시를 타야만 했다. 그래서 택시로 귀가하는 경우가 늘어났다. 어떤 때는 12시쯤에 또 한 건의 약속을 하는 경우도 있었다. 하루에 두 탕을 뛰게 된 것이다. 카페 개업으로 사라진 사교의 시간이 부활했다. 사는 보람이 커졌다. 역시 나는 완벽한 사회적 동물. 사람들을 만나고 나니 기분도 좋아지고, 몸도 좋아졌다. 다음날 일을 할 용기도 더 생겨났다.

하지만 문제가 있었다. '고리타분' 그 자체인 부모님이었다. 개업 초기, 저녁 영업이 끝나고 나면 직접 차를 타고 나를 마중까지 나오시곤 하는 부모님께서 난리가 난 것이었다. 입에 담기도 어려운 부모님의 언사도 있었다. 부모님의 입에서 가장 자주 나오는 말은 '여자'와 '밤'이었다.

'여자가 어떻게 밤 12시 넘어서 들어올 수 있느냐?'
'밤에 늦게 다니면 위험해서 안 돼.'
'택시가 위험하다는 생각은 안 하니?'

부모님과 심각하게 충돌했다. 나는 단 한 발짝도 물러서지 않았다.

'어떻게 다시 찾은 나의 시간인데?'
'어떻게 다시 찾은 나의 삶인데?'
'어떻게 다시 찾은 나의 사람들인데?'

신경이 예민한 편인 아빠는 불면증까지 호소하면서 나에게 매달렸다. 딸의 안전을 걱정하는 엄마 아빠의 마음도 알 것도 같았는데, 그걸 받아들일 수는 없었다.

'무시 전략'

일일이 대응하기에는 너무 많은 에너지가 소모됐다. 그건 나나 엄마 아빠나 마찬가지였다. 나와 엄마 아빠의 대치는 꽤 오래 지속됐다. 하지만 자식 이기는 부모 봤는가? 이런 말은 내가 아니라 부모님 쪽에서 써야 하지만…. 결국 엄마 아빠가 두 손을 들었다. 양측의 대치 국면이 지속되면서 양측 모두에게 큰 피해가 발생했다. 몸과 마음이 지쳐갔다. 이때 내가 전략을 바꿨다.

'설득 전략'

나는 나의 사회생활을 위해서는 밤 시간대 친교가 꼭 필요하다고 설명하기 시작했고, 만나는 사람이 어떤 사람들인지 자세히 이야기했다. 그리고 요즘 이용하는 택시는 경로나 운전자 등을 모두 파악할 수 있기 때문에 예전처럼 위험하지 않다고 설득하기도 했다. 엄마 아빠는 완벽하게 설득되지는 않았지만, 상황을 어느 정도 받아들이기 시작했다. 그런 대치 국면이 이어지기 시작한 지 2~3개월이 지나자, 엄마 아빠는 나를 기다리시지 않고 잠자리에 드시기 시작했다. 결국, 나와 엄마 아빠가 펼친 전쟁은 나의 일방적인 승리로 끝났다. 이후 엄마와 아빠는 나의 귀가 시간이나 심지어는 귀가 여부에 대해서도 더 이상 따지지 않을 정도로 단련이 되셨다.

이런 과정을 거치면서 내 마음속에 '워라밸'에 대한 욕심이 싹트기 시작했다. 하지만 진정한 '워라밸'의 길은 멀고도 멀었다.

고독한 CEO는 싫다:
최대한 밤거리를 즐기자

나의 밤거리 무대는 저녁 10시 이후부터 새벽 2~3시까지도 이어졌다. 예전의 인간관계가 거의 회복되는 느낌이었다. 부모님 문제는 멋지게(?) 해결했지만, 보다 큰 문제는 나에게서 터져 나왔다. 새벽 2~3시까지 이어지는 사람들과의 만남은 나의 수면 시간을 야금야금 잡아먹기 시작했다. 밤거리를 누비는 날이 늘어나면서 나의 체력에 바닥이 드러나기 시작했다.

오전 9시에 카페의 문을 열기가 너무 힘든 상황이 이어졌다. 무리하게 일어나 카페에 나가는 경우 피로가 풀리지 않아 일의 효율이 떨어졌다. 수면이 부족한 상황에서 진행하는 업무 스트레스는 역류성 식도염이라는 불청객까지 불러왔다. 역류성 식도염은 나를 무던히도 괴롭혔다. 아무것도 먹을 수 없는 상황이 한동안 이어졌다. 고민 끝에 내린 결론은 오픈 시간을 늦추는 것이었다. 카페 오픈 시간을 오전 10시로, 다시 11시로 늦췄다.

'코로나19의 영향으로 오전 통행인이 줄어들었으니까 괜찮을 거야.'

나는 나의 행동을 합리화해 가면서 오전 영업을 사실상 포기했다. 실제로 오전 통행인이 급격하게 줄어든 것도 사실이다. 따지고 보면 이건, 일정한 영업 손실을 감수하고 내가 가치 있게 여겨온 사회생활, 다시 말하면 인간관계를 선택한 것이었다. 엄마 아빠는 이런 나의 행동에 대해 다시 한번 강한 비판을 내놓으셨다.

"결국, 친구 만나 놀기 위해 아침 영업을 포기한 거 아냐?"

부모님은 그렇게 공격했다. 그 지적은 맞는 것이기도 했다. 내가 여러 가지 변명을 늘어놨지만, 나는 친구나 선후배들과 만나서 놀기 위해 카페 영업 시간을 줄인 셈이 됐다. 하지만 인생이 뭔가?

오전 9시부터 오후 9시까지 12시간 고생고생 영업을 하고, 집에 가서 간신히 잠만 자고 일어나 다시 영업을 한다고 치자. 뭐를 얻을 수 있는가? 돈? 아니다. 나는 그게 아니라고 생각한다. 그 어려운 공무원 시험이나 대기업 입사 시험에 합격한 사람이 공직이나 회사생활을 2~3개월 해 보고 그만두는 이유가 뭔가?

자신의 일에서 보람과 행복을 찾지 못했기 때문이 아닌가? 하지만 나는 일과 행복·보람을 모두 취하기 위해 발버둥을 치고 있는 게 아닌가? 그렇게도 꿈을 꿔 오던 사업을 시작하고, 카페의 CEO로 성장해 가면서 사람들과의 관계 속에서 행복을 찾아가는 것. 무엇이 나쁜가? 나는 나에게 칭찬을 하고 싶어지곤 했다.

'너 윤예리는 너무나 현명해. 일과 행복 그 모두를 잡았으니까.'

그랬다. 나는 일과 행복을 다 잡았다고 생각하고 싶었다. 하지만 그게 그렇게 간단한 문제가 아니었다. 돈, 그놈의 돈 문제는 늘 나를 괴롭혔다. 생각을 해 보자. 영업 시간을 줄였으니 매출이 줄어드는 것은 당연했다. 또 생각을 해 보자. 밤에 돌아다니다 보니 비용, 다시 말하면 지출이 늘어나는 것이 당연한 것 아닌가? 밤 10시 이후 사교에 드는 비용은 만만치 않았다.

일단 심야 시간으로 약속을 정하는 것은 주로 나였다. 심야 회동을 나 때문에 하게 된 상황, 이 상황은 무엇을 말하는가? 상당수 모임을 내가 책임져야만 했다. '결자해지'라고 하지 않는가? 문제를 일으킨 사람이 해결을 해야만 했다. 늦은 약속을 만들었으니, 그 책임도 내가 져야 하는 경우가 늘었다. 게다가 심야 영업 업소의 경우는 기본적으로 음식이나 술의 단가가 비쌌다. 아니, 싼 곳을 선택할 수 있는 폭이 좁았다. 그러니 지출이 늘어나는 것은 당연했다. 게다가 심야에 2차 회동까지 하게 되면, 하루 매출액을 전부 교제비로 써야만 하는 상황도 자주 벌어졌다. 약속 장소까지 오가는 택시 요금은 부수적인 비용으로 보일 정도로 지출이 늘었다. 결국, 나의 심야 회동은 문제가 많았다. 인정하지 않을 수 없었다.

노선 수정이 꼭 필요한 시점이었다. 그런 상황에서 코로나19가 다시 심각해졌다. 사람들이 많이 몰리는 식당에서의 모임이 자유스럽지 못했다.

"그럼 우리 카페에서 모이자."

어느 날부터 약속 장소는 나의 카페로 바뀌기 시작했다. 물론 사적 모임 제한 인원은 꼭 지켰다. 우리는 언제나 배달 음식을 시켜다 먹었다. 비용은 훨씬 절감됐다. 집과 가까웠기 때문에 택시 요금도 싸졌다.

"그래, 오늘 보자. 우리 카페에서."

결국, 리브리베는 내 주변 사람들의 아지트가 됐다. 오후 9시 문을 닫고 나면(나중에는 10시나 12시에도 문을 닫게 됐지만), 리브리베는 청춘의 토론장으로 변했다.

우리는 사업에 대해 얘기했다. 우리는 코로나19를 걱정했다. 우리는 때로 검찰 개혁이나 언론 개혁과 같은 사회적인 주제를 놓고 토론을 하기도 했다.

카페 리브리베는 어느덧 90년대생 청춘들이 코로나19를 이기기 위해 몰려드는 소굴이 되어 갔고, 아지트로 활용됐다. 그렇게 1인 CEO 윤예리의 청춘은 무르익어갔다.

월화수 쉬고 목금토일만 여는 카페

휴일은 없다:
'질병 선물 3종 세트'

1인 CEO 윤예리의 삶. 이 삶을 거울에 비춰 봤을 때, 가장 불쌍한 모습은 역시 휴일이 없다는 것이었다. 나는 2020년 4월 카페 문을 연 이후 휴일을 설정하지 않았다. 그러다가 얼마 안 지나 월 1차례 휴무 제도를 도입했다. 기본적으로 월 29~30일은 근무했다는 얘기다. 물론 커피박람회 참가 등 불가피한 일정이 있을 때는 인스타그램에 알리고 문을 잠근 적도 있지만, 나는 월 1회 휴무 제도를 한동안 이어갔다. 하지만 이런 무리수는 결국 문제를 불렀다.

유치원에 입학한 이후 나의 몸은 사실 5일 움직이고 2일 쉬는 것에 맞춰져 있다. 유치원에서부터 초, 중, 고등학교 때까지 그리고 대학에서도 5일 수업과 2일 휴일이 기본이었다. 방학 때나, 학교 졸업 후 일정 시기에는 1주일 내내 휴일인 경우도 있었다. 내 몸은 월 29~30일 근무에 길들여질 기회는 없었다. 하지만 나는 그걸 선택했다. '리브리베는 언제 가더라도 문을 여는 곳'이라는 인식을 고객들, 특히 단골 고객에게 확실하게 심어주고 싶었다. 그러나 사실상의 매일 근무 체제를 내 몸이 배겨 내기는 쉽지 않았다.

몸은 휴식을 요구했지만, 상황은 휴식을 허용하지 않았다. 그렇다고 누군가 타인에게 카페를 맡길 수도 없었다. 카페의 핵심인 커피의 맛이 바뀔 수 있고, 고객 응대 콘셉트도 나와는 다를 수 있었기 때문이다. 그래서 나는 월 29~30일 근무 체제를 유지해야만 한다고 생각했다. 개점 시간을 늦추거나, 폐점 시간을 앞당길 수는 있지만, 문을 열지 않는 날을 늘릴 수는 없다고 생각했다. 그러나 나의 몸은 나의 이런 의지를 그대로 받아들이지 않았다.

몸에서 온갖 트러블이 생겨났다. 가장 심각한 것이 얼굴에 수시로 나는 여드름이었다. 중고교 때 이후 여드름이 이렇게 많이 난 경우는 단 한 차례도 없다. 피부과에 가서 진료를 받아 보니, 역시 휴식이 필요하다는 의사의 이야기를 들을 수 있었다. 피부에 더욱 신경을 쓰면서 일을 해야겠다는 생각을 했지만, 그래도 주 1회 휴식 시스템으로 가기는 어렵다고 생각했다. 무릎 관절에서 이상이 발생하기도 했다. 휴식을 취하지 못한 상태에서 서서 일하는 시간이 많기 때문에 불가피한 상황이었다. 심지어는

월화수 쉬고 목금토일만 여는 카페

대학 시절 농구를 하다 다친 손가락이 아파지는 증상도 나타났다. 앞에서도 설명했지만, 직장인들이 주로 걸린다는 역류성 식도염까지 갈수록 심해졌다. 극심한 역류성 식도염으로 오전부터 가슴이 아파져 오는 경우도 많았다. 어떤 날은 역류성 식도염의 통증이 견디기 어려워 울기도 했다. 오죽하면, 외국에서는 역류성 식도염을 '하트 번'이라고 부르겠는가? 가슴에 불이 붙은 것 같은 통증이 엄습해 오는 날이 늘어났다. 역시 휴식을 취하지 못한 날, 잠을 제대로 자지 못한 날에 증상이 심해졌다.

여드름, 관절통, 역류성 식도염. 1인 기업 CEO 윤예리가 월 29~30일 근무 체제를 이어가면서 얻은 '질병 선물 3종 세트'다.

이 문제를 어떻게 해결하지? 고민의 시간을 보냈다. '월 2회 휴무 체제로 갈까?', '주 1회 휴무 체제로 갈까?', '아니면 직장인들처럼 '월~금요일 9 to 6 시스템'으로 갈까?' 별의별 생각을 다 했다. 하지만 결론은 바뀌지 않았다.

월 29~30일 근무 체제를 바꾸지 않으면서 몸 상태를 끌어올릴 수 있는 방법을 찾자. 앞에서도 이야기했지만, 궁리 끝에 결정한 것은 아침 개점 시간을 늦추는 것이었다. 밤 늦게까지 사람들을 만나고, 온종일 서 있고, 한 달에 29~30일씩 일을 하는 나에게 아침잠이라는 선물을 듬뿍 주기로 한 것이다. 그렇게 해서 개점 시간을 다시 오전 11시(거리 두기 단계가 강화되는 경우 낮 12시로 조정하기도 함)로 늦췄다. 아침 시간대에 카페 리브리베의 커피 맛을 잊지 못하고 찾아와주는 손님을 일부 포기해야 하는 어려운 결단이었지만, 나는 개점 시간을 늦췄다. 개점 초기 개업 시간은 오전 9시였지만, 이후 10시로, 다시 11시로 바뀌었다.

물론 이런 결정의 배경에는 시장 환경의 변화가 있었다. 코로나19 사태로 인해 시외버스터미널을 이용하는 젊은이들이 거의 전무한 상태에서 오전 시간에 카페를 여는 것은 투입(Input)되는 노동력 등 비용에 비해 나오는 것(산출, output)이 적다고 판단했다. 주택가, 특히 원룸이 많은 상권의 특성을 고려해 오후 및 야간 마케팅을 강화하려는 나의 전략에 바탕을 둔 것이었다. 이런 조치는 행복의 시간을 늘리게 되는 결과로 이어졌다. 저녁 10시부터 새벽 2~3시 정도까지 이어지는 나의 친교 시간은 절대로 포기할 수가 없었다. 내 삶 속에서 가장 행복한 시간이고, 소중한 시간이기 때문이다.

'매일 문을 여는 리브리베'

이건, 고객과 나의 약속이다. 이 또한 절대로 포기할 수 없는 나만의 기준이고, 나와의 약속이다. 우리 가족도 나의 이 기준을 지킬 수 있도록 도와줬다. 얼마 전 가족 4명이 가까운 숲속 시설로 가족 여행을 주말에 맞춰 간 적이 있다. 월 29~30일 근무 체제 속에 고생하는 나를 위한 선물이었다. 하지만 나는 카페 리브리베의 문을 주말 시간대에 닫을 수는 없었다. 모든 가족이 협심했다.

'그래, 일요일 오후부터 월요일 아침까지 가족 여행을 다녀오자.'

엄마와 아빠는 월요일에 휴가를 낸 뒤 일요일부터 월요일로 이어지는 여행 계획을 짰다. 엄마 아빠는 아침 일찍 언니와 함께 숲속 시설로 여행을 떠났다. 그래도 나는 카페를 지켰다. 저녁 8시 엄마 아빠는 차를 끌고 카페 앞으로 나를 마중 나오셨다. 그렇게 해서 우리 가족 4명은 모처럼 한자리에 모여 조용한 시간을 보낼 수 있었다. 이런 일은 이튿날에도 벌어졌다. 우리는 아침 일찍 일어나 식사를 했고, 바로 1인 카페 CEO 윤예리 수송 작전에 나섰다. 엄마 아빠는 나를 카페까지 데려다준 뒤 다시 숲속 시설로 가 언니와 함께 여유 있는 시간을 보냈다.

카페의 휴무일에 대해 나는 이토록 철저했다. 친구와 선배 등 사람들과의 관계를 소중히 해 온 나지만, 휴무까지 늘려서 관계를 넓힐 생각은 없었다. 그건, 내 일에 대한 나의 예의였고, 나의 마음가짐이었다. 하지만 이런 시스템을 오래 유지하기는 어려웠다. 한계에 봉착했다. 주 1회 정도의 휴식을 취하지 않고서는 카페 리브리베의 지속성을 담보하기 어렵다는 판단이 섰다. 몸과 마음이 한계에 다다른 것이 배경이었다. 그래서 어느 날 결단을 내렸다. 그동안 스스로에게 했던 약속, 다짐이 한순간에 무너져 내렸다. 하지만 결심했다.

'그래 주 6일 근무제로 전환하자.'

매주 수요일은 쉬기로 했다. 쉼을 통해 얻는 것이 있을 것이라는 판단을 했다. 쉼은 나에게 새로운 힘을 가져다줄 것이라고 나는 믿었다. 그래서 매주 수요일 카페 리브리베는 문을 굳게 닫게 되었고, 1인 CEO 윤예리는 매주 수요일마다 물 만난 물고기처럼 뛰어오르기 시작했다.

주1일 휴무가 가져오는 매출 감소는 정확하게 계량할 수 없었다. 코로나19 사태로 매출이 늘 춤을 추는 상태였기 때문에 기준이 되는 시점을 정하기가 어려웠다. 주1회 휴무를 했는데도, 어떤 달은 매출이 더 나오기도 했다. 물론 매출이 크게 준 달도 있다. 하지만 분명한 것이 하나 있었다. 그것은 매출 이전의 삶, 행복도가 상승했다는 것이다. 특히 화요일 저녁의 행복도는 급상승했다. 화요일 저녁은 1인 CEO 윤예리의 세상으로 변했다. 그동안 만나지 못했던 사람들을 하나씩 만났고, 밤거리를 더 쑤시고 다녔다. 삶의 보람이 느껴졌다. 행복도 더 크게 느껴졌다. 진정한 보람과 행복은 쉼에서 온다는, 아주 평범하고 소중한 진리를 터득하는 순간이었다.

나는 프로다. 내가 인생을 걸고 사업에 나선 만큼 나의 행위는 '프로의 수준'이 되어야 한다. 프로 정신이 뒷받침되지 않아서는 안 된다고 나는 생각했다. 그래서 나는 내가 할 수 있는 것, 내가 해야 한다고 생각한 것에 대해서는 최선을 다했다. 하지만 내가 지금 하고 있는 일은 '단기전'이 아니라 '장기전'이다. 지속 가능성이 있어야 한다. 월 29~30일 일하고, 아침 9시부터 저녁 9시까지 업무를 이어간다면 내 몸이, 내 마음이 감당하지 못한다. 내 몸과 내 마음에 여유를 줘야만 한다. 프로가 되기 위해서는 살아남아야 한다. 그러기 위해서는 장기전에 대비해야 한다. 그래서 주 6일 근무, 1일 휴무제로 바꾼 것이다. 어쩌면, 이게 '워라밸'을 위한 나의 첫 번째 중대 결정이었는지도 모른다.

살과의 전쟁

사업을 하는 목적은 여러 가지다. 그중 하나는 나를 성장 시킨다는 것이고, 다른 하나는 나의 일, 내가 좋아하는 일을 한다는 것이라고 나는 생각한다. 또 뭐가 있을까? 먹고산 다는 것, 그렇다. 하루하루 먹고산다는 것, 그것도 사업의 목적 이다. 호랑이가 먹이를 찾아 들판으로 나가듯이, 사업가도 먹 이를 찾아 나서는 것이다.

사업을 시작하고 나서, 나는 하루하루 성장하는 나를 느꼈다. 정말로 많은 어려움을 겪게 되고, 그 어려움을 뛰어넘는 과정에 서 내가 커가는 것을 스스로 느꼈다. 기특한 윤예리. 사업을 시 작하기 전 '사업의 키'가 170㎝(실제 키는 168㎝)였다면, 사업을 하고 나서는 그 유명한 '식빵언니' 김연경 선수와 비슷한 192㎝쯤은 될 정도로 성장했다는 생각을 한 적도 있다. 실제로 내 주변의 어른 중에는 나의 사업에 얽힌 이야기를 듣고 이런 말을 하기도 한다.

"내가 오십 평생 겪어 보지 못한 일을 너는 1년여 사이에 겪는구나. 내가 지금 사업 전선에 나가도 너만큼은 못할 거야."

50대 중반 직장인의 이 말은 나에게 큰 힘이 되었다. 사업을 하게 되기 때문에 얻을 수 있는 여러 가지 경험은 나를 성장시켰다. 확실하게 나의 키를 키웠다. 하지만 하늘 높은 줄 모르고 크는 키에 비례해 땅 넓은 줄 모르고 퍼지는 나의 몸이 있다는 이 슬픈 현실.

사업 초반에는 사실 살이 꽤 빠졌다. 여러 가지 어려움을 겪게 되고, 때로는 잠을 제대로 자지 못하게 되고, 자주 식사를 제대로 하지 못하게 되니 당연한 일이었다. 초반에는 주변인들, 특히 가족들이 걱정할 정도로 살이 빠졌다. 하지만 그런 걱정은 오래 가지 않았다. 걱정거리는 역전됐다. 이번에는 살이 찌기 시작했다. 나의 몸은 지구의 한정된 면적을 전혀 고려하지 않은 채로 옆으로 퍼지기 시작했다. 개업 초기에 비하면 무려 15kg이나 늘었다.

원인을 분석하라! 나는 나에게 명령을 내렸다. 주변 사람들에게는 '스트레스'를 살이 찌는 첫 번째 이유로 설명하곤 했다. 스트레스라는 말은 남들로부터 이해를 구하기 가장 쉬운 영역이기도 했다. 사실 남들이 보면, 내가 정말로 많은 스트레스에 시달리는 사람으로 보일 수 있다. 코로나19의 태풍 속에서, 첫 사회생활로 선택한 것이 사업이니, 누구나 예상할 수 있는 일이었다. 게다가 20대 중반의 나이에. 맞다. 스트레스가 엄청나게 있는 것은 맞다. 스트레스가 살이 찌는 이유 중 일부인 것도 맞다. 하지만 솔직히 고백하겠다. 분명한 이유는 다른 데에 있다.

'1 더하기 1'은 2가 되는 것처럼, '윤예리+맛있는 거'는 '뚱땡이'가 된다. 나는 밤거리를 선택했고, 밤거리를 누볐다. 밤거리를 누비면서 우리가 할 수 있는 일이 뭔가? 답은 뻔하다. 그건 먹는 것이다. 뭔가를 먹는 것, 그것이었다. 나는 밤거리를 돌며, 야간의 활동 영역을 넓혔고, 그때마다 많은 것을 먹었다.

'수많은 날의 밤거리+먹거리'

답은 뻔하다.

'살'

그랬다. 살은 나에게 훈장이기도 했지만, 짐이기도 했다. 나는 매일 이 짐을 덜기 위해 애를 썼다. 태어나서 처음으로 헬스클럽에 등록을 했고, 아침마다 거기를 다녔다. 그리고 출퇴근 시에도 자전거를 타는 등 나름대로 먹거리로 플러스 된 칼로리를 마이너스로 돌리기 위해 노력을 했다. 하지만 커진 짐을 덜

월화수 쉬고 목금토일만 여는 카페

기는 쉽지 않았다. 100의 짐을 실었다면 100의 짐을 덜어야 하는데, 나는 늘 50 정도의 짐만 덜었다. 몸에 살이 붙으면서 전에 없던 여러 가지 증상도 나타났다. 무릎이 아프기도 했고, 변비도 생겼다.

'이제부터는 나에게 투자를 해야겠구나.'

그런 생각을 하기 시작했다. 아직 30대에도 접어들지 않은 나의 몸에 뭔가를 투자해야 한다는 생각을 하기 시작한 것은 이때가 처음이다. 가루로 먹는 유산균, 녹즙, 당분이 없는 두유 등등 몸에 좋다는 것을 찾아 먹기 시작했다. 50대 후반에 접어든 부모님도 안 드시는 것들을 나의 몸에 집어넣으면서 이런 생각을 했다.

"내가 건강한 것이 효도니까."

이런 살과의 전쟁은 지금도 진행형이다. 전력을 분석해 봤을 때 승리할 가능성은 높지 않다. 내 마음속에서는 무승부쯤을 기대하고 있는 것은 아닐까?

그런 생각도 해 봤다. 더 찌지 않으면 성공?

1인 CEO 윤예리가
추구하는 행복이란?

왜 사느냐고 누가 묻는다면, 나는 자신 있게 대답한다. '행복하기 위해서…'라고. 적어도 나는, 행복하기 위해서 존재한다. 행복하지 않다면 아무런 의미도 없고, 가치도 없다. 그렇다면 행복이란 무엇인가? 커다란 성취를 행복이라고 해야 할 것인가? 스ㅇ벅ㅇ의 창업자처럼 거대한 성공을 했을 때 행복해졌다고 할 수 있을까?

아니다. 나의 행복론은 이렇다. 작은 행복을 하나씩, 하나씩 모아 가는 것이 행복이다. 아니 작은 행복을 하나씩 모은 것, 이미 모아 놓은 그것이 행복일 수 있다. 반려견을 데리고 가면 반기지 않는 카페가 많아 고민인 어떤 고객이 반려견을 반겨 주는 리브리베에 와서 기쁨을 느끼는 것을 보았을 때 느끼는 나의 느낌. 그것도 나에게는 행복이다. 카페 리브리베의 맛을 잊지 못해 멀리서 아주 멀리서 다시 찾아와 주는 손님이 있을 때 느끼는 그 기쁨. 그것이 행복이다. 코로나19 사태로 리브리베를 오지 못하게 된 분이 새로 도입한 배달 시스템에 의해 리브리베의 커피 맛을 보게 되고, 그 커피 맛에 행복감을 느꼈다는 말을 해 주셨을 때의 그 환희. 그것 또한 행복이다. 밤 10시나 11시, 카페의 문을 닫고, 친구를 만나러 나설 때 느껴지는 그 설렘. 밤거리를 어슬렁거리면서 지배자가 된처럼 느껴질 때의 그 만족감. 그것도 행복일 수 있다. 새로 개발한 선물 세트를 먼 외지 손님이 주문해 줬을 때, 어떤 손님이 카페 벽에 걸어놓은 작은 액자 속의 그림에서 코끼리를 발견하고 기뻐하실 때, 카페가 너무 크지 않아서 여기만 오게 된다고 '스몰 사이즈'를 칭찬해 주실 때…. 그런 작은 하나하나의 행복을 모두 합한 것이 바로 행복이다. 아니다. 더 정확하게 이야기를 하면, 그 하나하나의 행복이 보이고, 느껴지는 순간순간이 바로 행복이다.

카페 리브리베가 추구하는 행복은, 1인 CEO 윤예리가 추구하는 행복은, 바로 그런 것이다. 100을 이루어야만 느낄 수 있는 그런 행복이 아니라, 1을 이루는 과정에서 느껴지는 작지만 소중한 행복. 그게 바로 카페 리브리베의 행복이고, 1인 CEO 윤예리의 행복이며, 카페 리브리베를 찾아와 주시는 우리 손님들의 행복일 것이다.

또 있다. 언제나 자신을 반겨 주는 곳이 있다면서 우리 카페를 찾아주는 반려견과 그 주인의 편안한 얼굴을 볼 때 느껴지는 감정이 바로 행복이다.

생각해 보면 행복은 널려 있다, 여기저기. 이런 생각 속에서, 내가 나중에 실현하게 되는 '워라밸'에의 욕심이 더욱 커졌는지 모른다.

3부

회사에 들어가지 말고
회사를 만들어라

월 화 수 쉬고 목 금 토 일만 여는 카페

중학생 때 사업을?

"너는 중학교 때 이미 사업가 기질을 보였어. 네 천직은 사업가야. 너는 중학교 때 이미 양말 장사를 해서 돈을 벌었잖아."

창업을 하겠다는 결심을 하고 주변 사람들의 의견을 모으는 과정에서 이런 말을 들었다. 친구들은 물론 가족 중에도 그런 반응을 보이는 경우가 있었다. 어차피 시작한 사업에 대해 격려해 주기 위한 말이었다.

추억이 하나 있다. 워낙 오래전에 있었던 일이라서 사실관계에 다소 착오가 있을 수 있겠지만, 중학생 때 그 기억을 잠시 꺼내 보겠다. 중학교 2학년 때 새로 부임해 오신 교장 선생님은 갑자기 전교생에게 흰색 양말을 신을 것을 요구하셨다. 양말에는 어떤 색깔이 들어가서도 안 되고, 그 어떤 캐릭터나 디자인이 있어도 안 된다는 것이었다. 새 교장 선생님의 이런 방침은 많은 학생에게 큰 혼란으로 다가왔다. 다양한 색깔의 양말을 자유롭게 신고 있었고, 양말에 캐릭터나 디자인이 들어가 있는 것은 당연시하던 상황이었기 때문이다.

"이걸 어떻게 하지?"
"갑자기 흰색 양말을 어디서 사지?"

학생들이 당황해하는 표정이 역력했다. 이런 상황에서 학생들이 양말을 구매할 수 있는 집 근처, 학교 근처 가게 등에서는 흰색 양말이 순식간에 동이 났다. 학교 인근 가게의 흰색 양말은 정말로 빛의 속도로 팔려 나갔다. 흰색 양말을 구하지 못해 야단을 맞는 아이들도 있었다. 바뀐 교칙(?)으로 많은 사람이 고통을 받게 된 것을 알게 된 내 머리를 스치는 것이 있었다.

'내가 한 번 나서 볼까?'

왜 그런 생각을 하게 됐는지는 나도 정확히 기억이 나지 않는다. 내가 어떤 상황이 닥치면 과감하게 도전하는 성격을 갖고 있다고는 하지만, 정말 그때 왜 그런 생각까지 했는지는 정확히 기억이 나지 않는다. 돈을 벌어 보겠다는 생각보다는 어려움에 처한 친구들을 도와야겠다는 생각이 더 컸던 것 같다. 그리고

월화수 쉬고 목금토일만 여는 카페

진짜로 나섰다. 우선 흰색 양말을 대량으로 구매해 대량으로 공급하는 방안을 생각했다. 그렇다면 양말을 대량으로 구매할 수 있는 방안은 뭘까? 당시 부모님과 함께 가끔 다니곤 하던 재래시장의 큰 양말 가게가 생각났다. 바로 조사에 착수했다. 재래시장의 양말 도매시장을 대상으로 알아봤더니, 물량을 확보하는 것은 그렇게 어려운 일이 아니었다. 게다가 대량으로 구매한다면 가격도 아주 싸게 들여올 수 있는 상황이었다. 동네 가게 등에서 구매할 수 있는 양말 가격의 절반 이하에 양말을 도매로 구매해 올 수 있는 상황이었다. 처음에는 '내가 직접 양말 장사를 해 볼까' 하는 생각도 잠시 했었던 것이 사실이다. 하지만 그건 당시 상황에서 보면 불가능에 가까운 일이었다. 양말을 보관할 곳도 없고, 초기 자금도 없었던 데다, 무엇보다 시간이 없었다. 학교에서 허용해 줄 리도 없었다. 내가 직접 양말을 구해다 파는 것은 불가능하다고 판단한 나는 학교 앞 문방구를 생각해 냈다.

'문방구가 흰색 양말을 싸게 들여다 싸게 판다면 문방구도 좋고, 나를 포함한 학생들도 좋은 것 아닌가?'

그런 판단을 한 나는 문방구 사장님을 만나 협상을 했다.

"양말을 동네 가게 가격의 절반 이하로 들여올 수 있도록 할 테니, 대량의 흰 양발을 반값에 팔 수 있겠습니까?"

잠시 생각을 하시던 문방구 사장님께서 OK해 줬다. 충분히 가능한 일이라는 것이었다. 그렇게 해서, 학교 앞 문방구에서 흰색 양말을 반값에 팔기 시작했고, 나를 포함한 학생들은 갑작스럽게 변화한 상황에 대처할 수 있게 되었다. 나는 이 과정에서 돈을 한 푼도 남기지 않았지만, 따지고 보면 당시 내가 신을 양말을 반값에 샀기 때문에 나도 이득을 본 셈이었다.

이 일은 나 윤예리를 둘러싼 하나의 전설이 됐다. 이에 대한 설명이 사람들의 입에서 입으로 도는 과정에서 "윤예리는 중학교 때부터 양말 장사로 돈을 벌었다더라."라는 식의 말이 만들어진 것이다. 이 말은 결국, '윤예리의 사업가 기질은 중학교 때 이미 확인됐다.'라는 식으로 윤색이 돼서 떠돌게 되기에 이르렀다. 하지만 생각해 보면 이 말은 완전히 틀린 것은 아니었다. 물건을 유통시키거나 서비스를 제공해 이익을 남기는 것을 사업이라고 한다면, 양말을 유통시켜 비록 내가 큰 이익을 본 것이 아니라고 하더라도 친구들을 포함한 많은 사람이 이익을 봤다면 어떤 의미에서는 그것도 사업의 일환이라는 생각도 들었다. 당시 내가 문방구 사장님께 드린 말씀 중에 '박리다매(薄利多賣)'라는 말이 생각난다. '좀 싸게 파시더라도 많이 파시면 이익이 나시지 않겠느냐'라고 드린 말씀이다.

'학교 앞 문방구는 많이 팔아 이익을 남겨서 좋고, 소비자인 학생들은 편하고 싸게 살 수 있어 좋고.'

감히 말하면, 나는 이때부터 좋은 물건을 싸게 파는 것의 묘미와 가치를 느낀 것 같다. 어떤 면에서 보면 요즘 유행하는 '공구(공동 구매)'의 아이디어를 일찍부터 생각해서 실천했다고 볼 수 있다. 문방구 사장님이 주체가 되는 '공구'를 통해 나를 포함한 학생들과 사장님이 모두 이익을 얻을 수 있도록 했다는 점에서 의미가 있었다고 나는 생각한다. 나와 소비자에게 모두 도움이 되고, 모든 이에게 행복을 줄 수 있는 것이 바로 사업이라는 것을 막연하게나마 느끼게 된 것은 아닐까? 회상해 보면 막연하게나마 중학교 때부터 창업을 생각한 것은 맞는 것 같다.

　'창업이 나의 길'이라는 사실을 정말로 흐릿하게나마 10대 중반에 깨우쳤던 셈이다.

고교 때
'스타 마케팅'에 도전

"우리나라의 최고 스타를 홍보에 활용할 수는 없을까?"

산 림청의 녹색홍보대사로 활동하던 2011년 6월의 일이었다. 홍보대사로 뽑힌 뒤 서울과 대전 등을 돌며 아무리 거리 홍보 활동을 펼쳐도 나의 홍보 주제인 '사막화 방지의 중요성'은 세상에 잘 알려지지 않았다.

'무슨 방법이 없을까?'

고민이 이어졌다. 당시 나는 홍보에 대해서는 마땅하게 아는 것이 없었다. 여기저기에서 열심히 알리면 자연스럽게 홍보가 되는 것 정도로 인식하는 수준이었다.

'왜, ○○회사는 거액의 비용을 들여 유명 스타를 모델로 활용하고 있을까?'
'당연히 효과가 좋으니까 그렇게 하겠지?'.

그때 이런 식의 자문자답을 이어갔다. 그 순간, 홍보나 광고에 유명인을 이용하는, 이른바 '스타 마케팅'을 하면 효과가 크다는 이야기를 들었던 생각이 났다.

'나도 유명인을 이용한 홍보를 할 수 있을까? 유명인을 이용해 사막화 방지의 중요성을 알린다면 훨씬 효과가 있지 않을까?'

그때 내 머리를 스치고 지나간 생각이다. 하지만 그건 사실상 실현하기 어려운 발상이라는 것쯤은 바보가 아니라면 누구나 알 수 있는 것이었다. 나도 고개를 절레절레 흔들었다. 하지만 한 번 생각한 것은 내 머리를 떠나지 않았다.

'무슨 길이 있지 않을까?'

그때도 대전에서 살고 있던 나는 대전에 근거를 두고 있는 유명인을 찾아봤다. 이왕이면 전국적으로 알려진 이름을 찾아봤다.

'프로야구 한화이글스의 류현진 선수'

당시 류 선수는 비록 국내 무대에서 뛰고 있었지만, 말 그대로 최고의 선수였다. 류 선수는 데뷔 첫해, 프로야구 신인상과 최우수선수상(MVP)을 수상한 말 그대로 괴물 투수였다. 류 선수를 모르는 사람이 거의 없다고 해도 과언이 아닌 상황이었다. 지금은 미국 프로야구 메이저리그에서 초특급 활약을 하고 있는 세계적인 선수가 돼 있는 그를 나의 홍보 프로젝트에 영입하겠다는 내 생각은 사실상 무모한 것이었다.

'사막화 방지 활동이 온 인류를 위한 것이니만큼 류현진 선수도 외면하지는 못할 거야.'

나의 생각은 꼬리에 꼬리를 물기 시작했다. 생각이 거기까지 미치자, 나는 결심했고, 바로 실행에 나섰다.

'한번 도전해 보자. 안 돼도 할 수 없지만, 일단 시도는 해 보자.'

주변 사람들을 통해 인맥을 찾기 시작했다. 내가 펼치고 있는 홍보 활동의 좋은 뜻이 류 선수에게만 전달되면, 류 선수도 선뜻 응할 것이라는 믿음이 있었다.

"한화이글스가 대전에서 경기를 하는 날, 경기 시작 전에 잠시만 시간을 내주시면 됩니다. 제가 경기장으로 가겠습니다."

월화수 쉬고 목금토일만 여는 카페

이런 저런 경로를 통해 정말로 어렵게 나의 뜻을 전달했다. 그런데 놀라운 일이 벌어졌다. 류 선수가 경기 후 잠시 시간을 내주겠다는 뜻을 전해 온 것이다.

"그래, 안 되는 일은 없어."

나는 한화구단과 류 선수가 마련해 준 짧은 시간을 활용해 사막화 방지의 중요성을 알리기로 했다. 게임이 끝난 야구장에서 류 선수와 함께 사막화 방지 홍보 활동을 했고, 객석에서는 박수가 쏟아졌다. 여기저기서 카메라 플래시가 터지기도 했다. 결국 고교생이 기획한 '스타 마케팅'이 결실을 보게 된 순간이었다. 물론 나의 뜻을 한화구단과 류 선수에게 전해 주신 분이 많은 정성을 기울였다는 얘기를 나중에 전해 들었다. 이 지면을 통해 그분과 한화 구단 관계자, 무엇보다도 메이저리그에서 최정상급 활동을 하고 있는 류 선수에게 깊은 감사의 인사를 드리고 싶다.

이후에도 프로축구 경기장에서 축구단 단장과 자치단체장 등과 사진을 찍으면서 유명인을 활용한 홍보 활동을 이어갔다. 류현진 선수를 동원한 이른바 스타 마케팅은 2011년 8월 한 과학잡지에까지 게재되기도 했다. 나는 이런저런 성과를 바탕으로 최우수 홍보대사로 선정됐다. 고등학교 때는 특허청의 발명기자단이나 교내 신문부에 들어가 기자로 활동하거나 학교 축제기획단의 홍보부장으로 활동하면서 나를 마음껏 단련시켰다.

'홍보'에 모든 것을 거는 삶은 이렇게 무르익어 갔다.

창업을 예습하다

"내가 원하는 동아리가 없네. 없으면 만들면 되지!"

나의 도전은 다양했다. 고등학교 때의 일이다. 학교에 입학
할 당시 나는 사진과 영상에 푹 빠져 있었다. 고등학교에
가면, 사진과 영상을 만드는 동아리에서 활동하고 싶다는 생각
을 하고 있었다. 하지만 내가 들어간 학교에는 그런 동아리가 없
었다.

"아휴, 이게 뭐야. 사진 동아리도 하나 없어?"

실망이 컸다. 하지만 실망만 하고 있기에는 내 청춘이 너무

아까웠다. 카메라에 푹 빠져 있던 당시, 나는 카메라와 함께 내 청춘을 꾸미고 싶다는 생각을 하고 있었다. 방법이 없을까? 고민에 고민을 거듭했다. 방법이 진짜로 없을까? 그러다가 내 머리를 스치는 하나의 생각이 있었다.

'동아리를 아예 만들면 어떨까?'
'그래 동아리를 만들어 보는 거야.'

무모할 수도 있었지만 나는 내가 원하는 동아리를 만들기로 했다. 동아리를 만들기 위해서는 사진과 영상을 좋아하는 회원이 필요했다. 당시는 동조자가 한 명 없는 '백지상태'였지만, 나는 결국 20여 명의 부원이 속한 동아리를 만드는 데 성공했다.

모집 공고를 냈다. 처음에는 '지원자가 1명도 없으면 어떻게 하나' 하고 걱정도 많이 했지만, 그게 아니었다. 예상 밖으로 지원자가 몰려들었다. 사진이나 영상을 좋아하는 친구들이 생각보다 많았던 것이다. 지금 생각해 보면, 당시는 사진, 영상의 시대가 열리는 시점이었다. 문자나 글이 아닌 사진과 영상으로 뭔가를 표현하고자 하는 사람이 크게 늘어나는 상황이었다. 응모해 온 학생들을 대상으로 엄격한 심사를 했다. 기술은 어차피 동아리에서 배우면 된다고 판단한 나는 학생들의 열정을 중심으로 심사를 했다. 그렇게 해서 회원을 선발했다. 동아리 결성은 순조롭게 이루어졌다. 모두 다 사진과 영상을 사랑하는 열정이 있었기 때문이었다.

활동은 촬영과 봉사 등 2개의 트랙으로 진행했다. 매월 토요일 한 번은 영상 촬영에, 한 번은 현충원 봉사에 힘을 쏟았다. 부족한 영상 촬영 기술을 배우기 위해 방송국에 견학을 가기도 했다. 방송국에서 일하는 것이 꿈인 친구들의 열정으로 이루어낸 견학이었다. 어떻게 촬영해서, 어떻게 편집하는 것인가를 배우기 위해 편집실에까지 가는 등 새로운 경험을 쌓을 수 있었다.

매월 현충원을 찾아가 묘역 정비 등의 봉사활동을 하면서 현충원에 깃든 나라 사랑과 사계절의 변화 등을 사진과 영상으로 기록하는 작업도 진행했다. 이런 방식으로 1년 동안 찍은 사진 작품을 모아 연말에는 현충원은 물론 지하철역, 학교 등에서 순회 전시회를 열었다. 많은 언론이 '나라 사랑'의 정신을 강조한 사진전을 소개했고, 대전 현충원은 감사패를 줬다. 이런 활동이 모아져 2012년 신입생을 선발할 때는 첫해보다 훨씬 많은 지원자가 몰리는 등 동아리는 큰 인기를 끌기 시작했다. 이때도 지원자들을 대상으로 면접을 실시해 사진과 영상 분야에 대한 실력은 물론 열정이 있는 친구들을 회원으로 뽑았다. 이후 2년 동안 동아리 대표로 활동하면서 사진·영상 분야의 실력을 키워 나가면서 나는 '사진과 영상을 통한 사회봉사'라는 새로운 봉사 영역도 개척해 나갈 수 있었다.

수목원에서 봄 축제 기간에 벌인 '나무와 함께 무료 사진 찍기 프로그램'이 지금도 기억에 남는다. 당시 수목원에서 나무를 주제로 한 이 봉사활동은 숲과 나무의 중요성을 나의 머리에 각인시킨 계기가 되기도 했다.

동아리 활동은 현충원·수목원·신문사 등 각종 기관과의 업무 협의를 통해 진행했다. 이 동아리 활동이 이후 나의 사회생활에 커다란 힘이 된 것은 물론이다. 당시 가장 큰 배움을 얻은 것은 활동을 하거나 사업을 할 때 필요한 자금을 '좋은 기획서'와 '제대로 된 프리젠테이션'만 있다면 모을 수 있다는 것이었다. 솔직히 이야기하면, 처음에 나는 영상이나 사진을 열심히 찍겠다는 열정으로 동아리 활동을 시작했다. 하지만 열정만으로 동아리가 굴러가는 것은 아니었다. 여러 사람이 동아리에서 활동을 하기 위해서는 상당한 금액의 자금이 필요했다. 당장 사진·영상 동아리에 꼭 필요한 기자재가 크게 모자랐다. 당시 동아리는 촬영 시 필수품인 조명 시설조차 없었다. 전시회를 열겠다는 생각도 했지만, 당시 상황으로는 무리였다. 백방으로 수소문했지만, 필요한 자금을 확보할 수 있는 길은 쉽게 마련되지 않았다. 학교에서는 예산을 거의 받을 수 없었다. 그러다가 B센터와 C센터 등에서 동아리 활동을 지원한다는 사실을 알게 되었다. 정말로 열심히 기획서를 썼다. 밤을 새우면서 썼다 지우기를 반복했다.

"최선을 다했으니까, 못 받아도 할 수 없어."

이런 생각을 하면서 서류를 냈는데, 결과는 대박이었다. 당시 학생으로는 거금인 100만 원이 훨씬 넘는 활동 지원금을 받게 된 것이었다. 나중에 들어보니 봉사활동을 전면에 내세운 동아리의 활동 계획이 좋은 평가를 받았다는 것을 알게 되었다. 그렇게 해서 우리 동아리는 필요한 기자재를 사고, 모든 회원의 염원이던 전시회를 열 수 있게 되었다. 2011년과 2012년 지하철역과 현충원 등에서 연 사진전은 말 그대로 대박이었다. 당시 나는 사진전 개최 사실을 보도자료로 만들어 언론에 적극적으로 알렸다. 유력 언론은 물론 지역의 작은 언론에까지 적극적으로 홍보했다. 왜냐하면, 사진전이라는 것은 사람이 오지 않으면 아무런 의미도 없다고 생각했기 때문이다. 많은 사람에게 알려, 많은 관객을 끌어모으겠다는 나의 전략은 적중했다. 전시회는 국내 주요 일간 신문를 포함한 각종 언론에 10여 차례 보도되었고, 개막과 함께 많은 손님이 몰리기 시작했다. '고딩'이 연 현충원 봉사활동 사진전은 이렇게 태어났다.

직접 동아리를 만들고, 직접 회원을 뽑아 2년 동안 회장으로 활동하면서 정말로 많은 것을 배웠고, 많은 것을 경험했다.

그중 하나가 오늘의 나를 있게 한 '도전하라, 그러면 열릴 것이다'라는 정신이었다. 또 하나. 이게 중요하다.

'회사에 들어가지 말고, 회사를 아예 만들어라.'

이 정신을 이때 나의 머리에 장착한 것이다. 이 정신은 1인 CEO로 태어나기 위해 사업 계획서를 쓰고, 그것을 바탕으로 심사를 받아 지원금을 받아낼 수 있게 한 밑천이기도 했다.

지금 생각해 보면, 1인 CEO 윤예리. 어느날 갑자기 하늘에서 뚝 떨어진 건 아닌 것 같다.

월화수 쉬고 목금토일만 여는 카페

직장은 걷어차고,
사업가의 길로 접어들다

나는 초등학교 2~3학년을 일본에서 다녔다. 그리고 한국 대학에서 2년간 공부한 뒤 일본 대학에 가서 2년을 더 공부했다. 일본 유학은 내가 '카페의 다양성'을 배울 수 있는 절호의 기회였다. 일본에는 정말로 다양한 카페가 있다. 우리가 생각할 수 있는 모든 카페가 일본에 있다고 보면 된다. 심지어는 무인 역을 카페 겸 레스토랑으로 개조해 영업을 하면서, 카페 사장이 열차 승차권을 파는 경우도 있다. 내가 주목한 것은 동네 구석구석에 있는 작은 카페였다.

"야, 이런 곳에도 카페를 만들 수 있구나."

"야, 이런 카페도 가능하구나."

카페를 찾아 돌아다니면서 정말로 다양한 카페를 볼 수 있었다. 그런데 거기에는 공통점이 몇 개 있었다. 그중 하나는 운영자의 개성이 극대화된 카페가 많다는 것이다. 어디서 본 듯한 카페가 아니라, 정말로 처음 보지만 정이 가는 그런 카페가 정말로 많다. 또 하나는 공간의 활용도를 최대화한다는 것이다. 일본이 우리나라에 비해 국토가 넓다고는 하지만, 사람도 많다. 도쿄 등 대도시는 사실 좁은 공간, 좁은 건물이 정말로 많다. 많은 카페 운영자들이 이런 공간, 이런 건물을 카페로 개조하면서 운영자와 손님이 만족할 수 있는 최선의 동선을 찾아내고, 그 안에서 공간 활용도를 극대화한다. 특히 일본의 카페에서 가장 많이 배운 것은 화장실이다. 앞에서도 언급했지만, 건물이 좁기 때문에 화장실도 좁은 경우가 많은데, 그 작은 화장실들이 거의 모두 깨끗하고 단아하게 꾸며져 있다. "화장실을 보면 그 나라의 수준을 알 수 있다."라는 말이 일본의 화장실을 보면 저절로 떠오르곤 한다. 그리고 대부분의 카페는 화장실이나 매장 안에 손님들이 자유롭게 손을 씻을 수 있는 멋진 세면대를 만든다. 일본에서 보고 배운, 그리고 경험한 디자인의 독창성, 청결한 화장실, 멋진 세면대 등등은 내가 카페 리브리베를 만들고 공간을 구성하는 데 커다란 영향을 미쳤다.

일본 유학 생활이 막바지에 이르던 시기에 나는 일본 내 기업에 취업하는 데 성공했다. 내가 전공한 분야의 기업이었고, 나의 적성에도 맞을 것 같은 회사였다. 부모님께서 아주 좋아하셨다. 처음에는 나도 그게 가장 자연스러운 길이라고 생각했고, 그래서 기뻤다. 하지만 내 마음 저 깊은 곳에서 새로운 욕구가 꿈틀거리고 있었다.

'윤예리, 이대로 안주하려고 하니?'
'윤예리 너, 직장 생활이 너에게 진짜로 맞는다고 생각하니?'

이런 질문 속에서 나의 가슴을 비집고 나온 것이 하나 있었다.

'창업.'

솔직히 말하면, 이게 내 가슴 속을 비집고 나온 정확한 이유를 지금도 알 수 없다. 특별한 계기가 있었던 것도 아니다. '내가 원하는 동아리가 없으면 동아리를 만들자'던 고등학교 때 그 기백이 다시 살아났는지도 모르겠다. 그동안 한국과 일본을 오가면서 느끼고 경험한 것을 모두 쏟아부어 새로운 일을 해 보고 싶다는 생각이 그냥 기어 올라왔다.

'창업이 어릴 적부터 꿔온 꿈이었던가?'
'창업이 나의 운명인가?'

그런 생각을 하면서 나는 짐을 쌌고, 과감히 귀국길에 올랐다.
그렇게 하고 나서 나는 지체 없이 사업에 도전하게 됐다.

엉망 같은 엉망몰,
그리고 새로운 도전

오늘날 1인 CEO로 성장한 윤예리의 장점이 무엇인가? 그것은 빠른 실행력. 바로 일에 뛰어드는 것이다.

2018년 5월 일본 유학 생활을 마치고 귀국한 나는 바로 사업에 뛰어들었다. '창업'이라는 꿈을 실현하기 위한 귀국이었기에 잠시도 쉴 수가 없었다. 나는 바로 애니메이션 캐릭터 등 일본의 문화 상품을 온라인을 통해 한국의 마니아들에게 판매하는 소규모 사업을 시작했다. 우선 '엉망몰'이라는 이름의 소규모 블로그 쇼핑몰을 열었다. '엉망몰'은 당시 내가 시작한 사업의 모든 것을 상징한다. 사업 자금 규모도 엉망이고, 사업 계획도 엉망이고, 사업 경험도 엉망인 상황. 그런 상황을 표현했지만, 사실 내가 노린 것은 '엉망몰'에서 풍기는 그 편안함이었다. 일단 엉망몰이라는 이름은 고객의 궁금증을 유발하는 데 큰 효과를 발휘했다. '이건 뭐지?'라는 생각으로 들어와 봤다는 고객이 꽤 많았다.

일본에서 유학 생활을 할 때 내가 소장하기 위해 직접 구매한 예쁜 소품(주로 문화상품)들을 중심으로 '엉망몰'에 내놨다. 상품 중에는 일본에서 수시로 열리는 프리마켓 등에서 구매한 것들이 많았다. 대부분의 상품은 중고품이었다. 내놓은 상품은 상상 이상으로 잘 나갔다. 온라인 판매가 순조롭게 이루어지는 것과 보조를 맞춰 이번에는 오프라인 판매에도 도전했다. 대전 지역 축제의 프리마켓 코너를 임대해 고객을 직접 만나 대화를 나누면서 고객의 마인드와 소비의 트랜드를 파악하는 데 집중했다. 모든 것은 'CEO 윤예리'가 되기 위한 준비 과정이었다.

대구 지역의 한 벤처기업이 주최한 청년 창업 지원 프로젝트에도 참여했다. 당시 나는 카페 공간을 제공받은 뒤 대구시내 대학가에서 2주일 동안 카페를 열고 커피 등 음료와 함께 문화상품을 판매하는 경험을 쌓았다.

'제주도에서 살아보기'는 내가 구상하는 CEO가 되기 위한 마지막 단련의 기회였다. 나는 2018년 9월 제주도로 날아갔다. 그리고 그해 12월까지 제주도에서 살았다. 그리고 제주도의 카페와 게스트하우스 등에서 일을 하기 시작했다. 이런 곳에서 일을 하면서 나는 세상을 다시 배웠다. 커피 한 잔을 손님에게 제공하고 그 대가를 받는 과정이 얼마나 어려운 것인지, 남의 지갑에 들어 있는 돈을 나의 지갑으로 가져오는 것이 얼마나 많은 정성을 요구하는 것인지, 온몸으로 체득했다.

당시 유행하던 말이 있다. '가심비(價心比)'. 이전의 '가성비(價性比, 가격 대비 성능)'보다 한 차원 높은 만족, 가격 대비 마음의 만족을 뜻한다. 이 말은 한국은 물론 일본, 중국 등 해외 시장에서도 그대로 적용된다는 얘기도 들려왔다. 사람들은 자신이 하고 싶은 것, 즐기고 싶은 것, 좋아하는 것에 대한 지출을 적극적으로 늘리기 시작했다. 비즈니스를 통해 돈을 벌기 위해서는 이런 소비자들의 욕구를 충족시켜야만 한다. 요약하면 변화하는 소비자들의 마음을 잡아야 한다는 얘기, 가심비를 최대화해야 한다는 얘기였다. 그러면서 이런 생각을 했다.

'이제 내 차례다. 내가 나의 사업을 하게 된다면, 더욱 새로워지고 다양해지는 소비자의 니즈를 파악해 가성비와 가심비를 극대화시키겠다. 나만의 아이디어와 나만의 감성을 통해 가성비와 가심비가 최고인 사업 아이템을 창출시키겠다.'

그때까지도 나는 엉망몰을 지속적으로 운영하고 있었다. 하지만 비즈니스는 그렇게 만만한 것이 아니었다. 귀국할 때 가져온 상품이 거의 팔리고 난 뒤 사업은 난관에 봉착했다. 일본에서 추가로 상품을 들여오는 데 드는 비용이 애초의 상상을 초과했다. 왕복 항공료와 일본 체류 비용 등 일종의 물류비용을 상품에 반영하게 되면 수익성이 크게 떨어진다는 판단이 들었다. 게다가 공식적으로 수입을 하게 되면 여러 가지 절차도 밟아야 했다. 소비자의 '감성'이 중시되는 문화상품의 특성상 구매를 다른 사람에게 위탁하는 것도 쉽지 않았다. 결국은 2018년 12월말 엉망몰을 정리했다.

이런저런 경험을 통해 나는 고객과 함께 하는 즐거움은 물론 고객과 함께 겪는 어려움과 한계도 깨달았다. 사실은 개인 소장을 위해 구매한 중고품을 팔았기 때문에 판매액도 많지 않았다. 하지만 이런 과정을 통해 나는 '진짜 창업'의 가능성을 찾아내기 시작했다. 나와 맞는 창업 아이템만 제대로 찾는다면, 사업을 해도 되겠다는 자신감이 붙었다. 그렇게 예비 1인 CEO 윤예리는 힘을 축적해 갔다. 하지만 동시에 창업에 대한 기본적인 지식과 교육이 꼭 필요하다는 사실도 절실하게 느꼈다. 그래서 나는 A기관의 신사업 창업 지원 프로그램의 교육생 공모에 응했다. 모든 교육과정을 마치고 나면, 그 성과에 따라 상당액의 지원금은 물론 대출까지도 받을 수 있는 매력적인 프로그램이었다. 초보 창업가에게는 최고의 기회가 아닐 수 없었다. 서류 심사와 까다로운 면접 심사로 이어지는 선발 과정은 늘 나를 긴장시켰지만, 그럴수록 사업에 대한 나의 열망은 커져만 갔다. 서류 심사에서는 창업 아이디어의 배점이 컸다. 아이디어의 참신성, 소상공인 창업으로서의 적합성, 다른 소상공인에의 파급효과 등을 종합적으로 평가한다고 했다. 창업자 역량에 대한 배점 역시 컸다. 신청서와 사업 계획서 작성에 얼마나 충실했는지는 물론 창업 의지와 창업 동기 및 신청 사유의 명확성 등을 본다고 했다. 면접 심사에서는 지원 동기의 명확성, 사업화 계획의 구체성 및 실현 가능성, 전문성, 자금 조달 계획의 구체성, 창업 의지와 열정·적극성·발전 가능성, 창업을 위한 그동안의 노력 등을 종합해 최종 합격자를 선정한다고 했다.

나는 나의 모든 지식과 지혜, 그리고 정성을 쏟아부어 신청 서류를 만들어 제출했다. 서류 합격자를 대상으로 실시한 프레젠테이션 형태의 면접시험에서도 나의 혼을 쏟아부었다.

결과는 합격. 나에게 드디어 사업을 할 수 있는 기회가 열린 것이다. 예비 1인 CEO 윤예리는 그렇게 날개를 달았고, 비상을 준비할 수 있었다.

월화수 쉬고 목금토일만 여는 카페

갑자기 뛰어든 의류사업:
사업 자금을 확보하다

A 기관이 실시하는 창업 교육의 가장 큰 특징은 이론보다
는 실무 교육에 비중을 많이 둔다는 것이었다. A기관은
창업과 관련된 각종 이론을 온라인과 오프라인 등을 통해 4주
간 실시했지만, 교육의 중심은 오프라인이었다. 내가 교육생으
로 선발이 됐던 2019년은 코로나19 사태가 터지기 전이었다.
이후 16주 동안 이루어지는 실무 교육은 A기관이 펼치는 창업
지원 프로그램의 핵심이었다. 교육생 전원에게 16주 동안 '체
험 점포(공간)'를 제공했다. 임대료 걱정 없이 사업을 체험해
보라는 취지였다. 이 체험 점포를 운영하는 동안에는 전문가의
창업 멘토링도 이루어지기 때문에 사업 초보자에게는 정말로

커다란 힘이 됐다.

그런데, 그런데…
우리의 삶은 늘 예상을 빗나간다. 우리의 기대는 늘 엇나간다.

'꿈○○'

교육생들에게 제공되는 창업 공간(창업마켓)에는 이런 간판
이 달려있다. 그랬다. 수많은 청춘이 이곳에서 꿈을 향해 도전
장을 냈다. 나도 그중 하나였다. 나는 나의 사업 계획에 자신이
있었다. 거친 광야로 나가기 전에 이 '꿈○○'이라는 곳에서 나
를 시험하고 싶었다. '꿈○○'은 내가 비약할 수 있는 활주로 같
은 것이었다. 창업 경험이 없는 젊은이들에게 임대료 없이 3개
월 동안 마음 놓고 창업을 해 볼 수 있는 기회를 주기 때문이다.
사업 자금을 본격적으로 지원하기 앞서, 비즈니스를 경험할 수
있는 기회를 마련해 주는 이 공간에 대한 나의 기대는 컸다.
나는 여기서 내가 구상한 '카페'를 멋지게 운영해 볼 생각이
었다. 그런데 나에게는 청천벽력 같은, 마른하늘에서 벼락이
떨어지는 것 같은 소식이 전해졌다. 창업 공간으로 활용될 건
물의 사정으로 인해 물을 쓰는 업종은 개업할 수 없다는 것이었
다. 위생법상 카페 등은 문을 열 수조차 없다는 것이었다.

'이런 '식빵' 같은 경우가 있나?'

월화수 쉬고 목금토일만 여는 카페

처음에는 너무나 황당했다. 억울하기도 하고 답답하기도 했다. 하지만 그건 내가 억울하다고 해서 바꿀 수 있는 상황이 아니었다. 나처럼 물을 쓰는 것을 전제로 한 업종(카페 등)의 경우는 일단 3개월 동안 다른 업종을 선택해 사업을 추진해 보고 나서 원래 사업 계획대로 사업에 나설 수밖에 없다는 것이 A기관 측의 입장이었다.

내가 누구인가? 나 윤예리가 누구인가? 실망만 하고 앉아 있을 윤예리가 아니지 않는가? 사업은 제로(0)에서 다시 시작해야만 했다. 그리고 빠른 방향 전환이 필요했다. 시장조사도 하고, 몇몇 주변 분들과 전문가분들로부터 자문도 구했다.

비교적 짧은 기간 안에 준비를 해서 젊은이들의 취향을 알아내고 사업의 묘미를 경험하기 위해서는 '의류 사업'만 한 것이 없다는 의견들이 많았다. 직접 실시한 시장조사에서도 같은 결론이 나왔다. 일단 별도의 투자나 많은 액수의 초기 자본 없이도 바로 시작이 가능하고, 3개월 후에 바로 정리할 수 있는 업종으로는 옷 장사만 한 것이 없다는 판단을 했다.

브랜드를 새로 정했다.

'프롬코지(From Cozy)'

'아늑함(Cozy)'을 강조한 브랜딩이었는데, 내가 노린 것은 공간의 편안함과 상품의 높은 품격이었다. 나는 편안함과 품격을 동시에 누릴 수 있는 상품과 서비스를 소비자들에게 제공할 생각이었다. 그리고 바로 사업에 나섰다. 어차피 하는 거 제대로 하고 싶었다.

'내가 직접 고른 옷으로 내 손님을 만족시킨다.'

이것이 나의 기본 구상이었다. 동대문시장에서 매일매일 쏟아져 나오는 최신 의류를 내 손으로 골라 팔기로 결정했다. 매주 3차례 이상 서울로 올라갔고, 그때마다 밤을 새웠다. 정말로 많이도 걸었다. 이 세상의 수많은 사람이 늦은 밤이나 이른 새벽 시간에, 그렇게 열심히들 살아가고 있다는 사실도 그때 처음 알았다.

비용을 최대한 절약하기 위해 서울에 갈 때는 대형 여행 가방을 하나 들고 시외버스나 고속버스를 탔다. 대개 저녁 시간에 서울로 이동했다. 동대문 도매 상가가 영업을 본격화할 때까지 카페 등에서 기다리는 시간도 많았다.

나의 패션 감각을 총동원한 물건 고르기는 정말로 처절했다. '소량 다품종 전략'을 구사하기로 한 나는 발품을 많이 팔았다. 많은 곳을 돌아, 품질과 디자인이 좋으면서도 '가격이 착한' 제품을 골랐다. 그렇게 해서 새벽 버스를 타고 대전으로 내려와 영업을 했다. 새벽에 옷을 가지고 매장에 도착해서도 쉴 수 없는 경우가 많았다. 수많은 후반 작업이 필요했기 때문이다. 동대문 도매 상가에서 들여온 옷은 그대로 매장에 내놓을 수 없는 경우가 대부분이다. 스팀 다리미를 이용해 주름을 펴야 하는 옷도 있었고, 늘어진 실밥을 정리해야 하는 옷도 있었다. 이런 작업을 마치고 나면 어느덧 개점 시간이 되곤 했다. 한잠도 못 자고 영업을 시작하는 경우도 꽤 많았다. 정말로 열심히 살았다. 이런 생활은 3개월 내내 반복됐다.

내 점포가 있는 '꿈○○' 매장은 대형 백화점과 관공서 등이 몰려 있는 상권에 있었는데, 손님들의 반응이 꽤 좋았다. '좋은 옷'을 알아보고 지갑을 과감하게 여는 손님이 늘어났다. 신이 났다. 매출이 급상승했다. 솔직히 고백하면 지금 운영하고 있는 카페에 비해 월 매출이 많았다. 팔리지 않는 재고 제품은 주말에 열리는 프리마켓을 이용해 할인된 가격에 판매했다. '꿈○○' 매장은 주말에는 운영되지 않는다.

이런 노력의 결과는 실적으로 나왔다. 공식적으로 확인한 것은 아니기 때문에 사실과 다를 수도 있지만, 내가 비공식적으로 확인한 바로는 그 당시 대전 지역 '꿈○○' 매장 중에서 내 매장의 매출액은 최상위권이었다.

기뻤다. 매출이 많았다는 사실만으로 기뻤던 것은 아니었다. '나도 할 수 있다'는 자신감을 가질 수 있었던 것이 기뻤다. 나를 세상에 내던지고, 게다가 공정하게 경쟁을 했는데, '패자조'가 아니라 '승자조'에 들어갔다는 사실이 기뻤다. 특히 내가 내 고객층의 니즈(욕구)를 파악해 거기에 맞는 상품을 구매해 완판을 이어갔다는 점이 기뻤다. 그건 시장의 흐름을, 소비자의 마음을 어느 정도 읽을 수 있는 힘을 내가 가지고 있다는 사실을 입증하는 것이기도 했다. 결국 나는 이 활동을 통해 '사업 자금'을 거머쥐는 데 성공했다. 창업 지원금을 무사히 확보한 것이다. 이런 결과는 결국 자신감으로 이어졌다. 이 자신감은 이후 카페 리브리베를 운영하는 과정에서 내 힘의 원천이 됐다.

생각해 보면 우리의 삶은 예상과 달라지기 때문에 재미있는 것 같다. 아마도 꿈○○ 매장에서 처음부터 카페를 열었더라면 나는 생각만큼 매출을 많이 올리지도 못했을 수도 있고, 자신감을 잃어 사업을 포기했을 수도 있다. 하지만 나는 '건물 안에서 물을 쓸 수 없게 된' 전혀 예상하지 못한 변수 덕분에 커다란 경험을 하고 용기를 가질 수 있게 되었다.

이게 바로 내가 '1인 CEO'라는 자리로 올라서게 된 결정적인 계기가 되었다.

4부

사업전략을 짠다는 것:
믹서를 돌리는 것

월 화 수 쉬 고 목 금 토 일 만 여 는 카 페

나는 원래 '꼰대'를 싫어한다. 같은 맥락에서 '꼰대 학문'도 좋아하지 않는다. 여기서 '꼰대 학문'이라 하는 것은 '꼰대성'이 가득한 학자님의 이론을 담은 학문을 의미한다. 서양으로 유학을 가서 그곳의 환경에 기반을 둔 이론을 공부하고, 그것을 그대로 우리나라로 들여온 것들, 특히 우리나라의 현실을 제대로 반영하지 않은 이론서나 번역서를 나는 좋아하지 않는다. 꼰대 학문보다는 '현장'이 더 좋다. 하지만 나는 경영학등에 등장하는 한 가지 기초 이론은 그동안 여러 가지 프로젝트를 진행하거나 사업 계획서 등을 쓰는 과정에서 아주 유용하게 활용하고 있다. 그것은 바로 '마케팅 믹스(Marketing Mix)'다.

특히 사업을 구상하는 과정에서, 또 실제로 마케팅을 진행하는 과정에서 '마케팅 믹스' 이론만큼 유용한 것은 없었다. 이 이론은 사업을 시작하는 과정에서 사업의 토대를 튼튼하게 하는 힘을 발휘한다.

마케팅 믹스라는 건 도대체 뭐 해 먹는 것인가? 꼰대 학자들은 여러 가지 설명을 한다. 하지만 나는 나대로 이해하고 나대로 받아들인다. 간단하게 이야기하면 잘 뒤섞는 것이다. 마케팅에 필요한 것을 적절하게 뒤섞고 배분하는 것이다. 내가 목표로 하는 시장, 그러니까 나의 상품을 팔거나 나의 서비스를 제공할 대상이 되는 시장을 향해 나의 마케팅 요소들을 적절하게 맞추고, 섞고, 조절하는 것이라고 나는 생각한다.

원래 '마케팅 믹스'라는 용어는 미국에서 1960년데에 처음 나온 것으로 알려져 있다. 나는 경영학이나 마케팅을 제대로 공부해 본 적은 없다. 대학 때 관련 책을 좀 읽었을 뿐이고, 이번에 사업을 준비하면서 그 기본 개념을 나름 상세하게 공부했을 뿐이다. 학자들은 마케팅에 나서는 기업 등이 목표로 하는 고객을 만족시키기 위해서는 제품(Product), 가격(Pricing), 장소(Place), 판매 촉진(Promotion) 등 4가지의 마케팅 요소를 적절하게 섞어서 구사해야만 한다고 주장한다.

이것을 나는, '제품, 가격, 장소, 판매촉진 등 마케팅의 핵심 요소를 믹서에 넣고 잘 갈아야 한다.'라고 이해했다. 그러니까 사업(장사)을 잘 하려면 '믹서를 잘 써야 한다'는 얘기 아닌가? 내 두뇌는 그렇게 받아들였다. '이 정도면 나의 이론 습득 능력도 괜찮지 않은가!'라는 자문을 해 보곤 한다.

"그래, 사업을 잘 하려면 믹서의 스위치를 잘 눌러야 해!"

믹서의 스위치를 누르기 전에 꼭 확인할 것. 제품, 가격, 장소, 판매 촉진이 믹서가 돌아가는 동안 튀어나오지 않도록 믹서의 뚜껑이 제대로 닫혔는지 확인할 것. 자, 1인 기업 CEO 윤예리의 '믹서 이론'을 이제부터 펼쳐본다.

코로나19 사태 시대에 외식업계의 갈 길은 어디인가? 아니다. 외식업계 전체를 이야기할 때가 아니다. 카페의 갈 길은 어디인가? 나만의 개성으로 무장한 소규모 1인 카페가 지향해야 할 방향은 무엇인가?

"고객의 만족을 최대화하라."

나는 사업을 시작하면서 내가 지향하는 방향, 내가 최종 목표로 해야 하는 것은 '고객의 만족'이라고 생각했다. 그런데 지금 이런 태평한 소리를 하고 있을 때인가? 카페 시장은 코로나19 사태가 오기 전부터 확실한 '레드오션'이었다. 빨간 피가 흐르는 '죽음의 바다'였다는 얘기다. 살아남는 카페보다 죽어 피를 흘리는 카페가 훨씬 많았다. 매일 수많은 카페가 생겼고, 수많은 카페가 피를 흘리면서 죽어갔다. '레드오션' 중에서도 가장 선명한 '레드오션'이 카페 업계인지도 모른다. '죽기 아니면 까무러치기' 식의 전쟁이 매일 카페 업계에서 벌어져 왔다는 얘기다. 하지만 이건 해피한 시대, 그러니까 코로나19라는 괴물이 이 땅에 나타나기 전의 상황이다.

2020년, 2021년. 이 지구 위에서 살아가는 사람 중 몇 명이나 지금 우리가 맞이하고 있는 이런 상황을 예측하고 있었을까? 아마 한 명도 없었을 것이다. 너무나 거대해서 쓰나미보다도 더 큰 충격을 가져다줄 줄은 아무도 예상하지 못했다. 많은 사람이 쓰러지고, 죽었다. 당연히 사람들의 만남은 차단됐다.

카페가 어떤 공간인가? 카페는 만남의 전당 아닌가? 그런데 이 세상은 이 만남의 전당을 이용하는 사람의 수를 극단적으로 억제했다. 대다수의 카페는 이런 상황에서도 살아남기 위해 발버둥을 쳐야만 했다.

이런 상황에서 '갓난아기' 리브리베가 태어났다. 총알이 왔다 갔다 하고, 대포 소리가 쩌렁쩌렁 울리는 상황, 전쟁이 벌어지는 상황에서 갓난아이가 태어난 것이다. 태어나자마자 군홧발에 밟혀 죽을 수도 있는, '절대절명'의 상황이 펼쳐지고 있었다. 이런 상황에서 마케팅이 될까? 마케팅이라는 말 자체가 성립될까? 이런 상황에서 '마케팅 믹스'라는 믹서의 스위치를 돌린다고 효과가 있을까.

나는 나에게 그런 질문을 했다. 나의 대답은 간단했다. 그래도, 그렇다고 해도, 상황이 최악이라고 해도, 마케팅은 성립된다. 이런 상황이니까 마케팅이 더욱 필요하다. 마케팅 믹스는 이런 때 쓰라고 만들어진 것이다. 나는 그렇게 생각했다.

제품(Product)

먼저, '제품(Product)'의 세계를 살펴보자. 카페 리브리베가 취급하는(제공하는) 제품은 무엇인가? 말할 것도 없이 커피와 몇몇 음료와 디저트다. 물론 제품을 손님들에게 제공하기 위한 카페 리브리베만의 서비스도 제품의 영역에 포함된다. 고객의 니즈(욕구)를 충족시키기 위한 것, 그것이 마케팅 믹스에서 이야기하는 '제품(Product)'이니까. 고객의 욕구를 충족시킬 수 있는 '효용'을 갖고 있는 것, 고객에게 쓸모 있는 제품이라는 의미에서 카페 리브리베의 주력 제품은 역시 커피다.

'최고의 커피'

나는 카페 리브리베가 제공하는 제품인 커피를 최고의 수준으로 유지해야 한다고 생각했다. 그래서 정말로 많은 노력을 기울였다. 1년여에 걸쳐 커피에 대해 공부했고, 비슷한 시간을 들여 커피를 만들어 파는 카페에서 수련을 쌓았다. 커피 관련 자격증을 취득하는 것이 필수적이라고 보고 바리스타 자격증도 취득했다. 언젠가는 해외에도 진출하고 싶다는 생각 속에 해외에서도 통용될 수 있는 국제 바리스타 자격증에 도전했고, 성공했다. 그리고 최고의 맛을 낼 수 있는 커피 원두를 찾아 정말로 많은 곳을 돌아다녔다. 그 결과, 나온 것이 지금의 카페 리브리베 커피다.

나는 카페 리브리베가 내놓는 카페의 품질을 최고로 유지하기 위해 정말로 많은 노력을 기울여 왔다. 하지만 코로나19 팬데믹 상황이 닥친 시점에서 '가성비'가 고려되지 않은 최고 품질은 의미가 없게 되었다. 이른바 '가심비'의 가치가 중요해지는 시점이었지만, 다시 가성비의 가치도 주목을 받게 됐다. 모두가 어려워졌기 때문이다. 가격을 고려하지 않은 제품은 경쟁력을 잃는 상황. 여기에 제대로 대응을 해야만 했다. 코로나19 팬데믹 상황에서 가성비는 다시 마케팅 업계의 핵심 키워드가 됐다. 가격 대비 성능이 다시 주목을 받게 된 것이다.

카페를 준비하기 시작한 2018년부터 나는 품질 못지않게 가격의 중요성을 알게 되었다. 가격이 비싸면서 맛있는 커피는 경쟁력이 약하다는 사실을 여러 곳의 카페를 돌면서 경험했다. 그

월화수 쉬고 목금토일만 여는 카페

래서 맛을 최고로 유지하면서도 가격을 다운시킬 수 있는 방법을 찾는데 몰입했다. 답은 '발품'과 '입품'에 있었다. 많은 곳을 발로 돌고, 많은 커피를 입으로 마셔 보니까 그 답을 알게 되었다는 얘기다. 커피의 맛을 찾아 비행기로 물을 건넌 것도 여러 번이다. 어떤 때는 일본을 다녀왔고, 어떤 때는 제주도를 다녀왔다. 제주도에서는 몇 개월씩 거기에 머무르면서 많은 카페와 원두 공급 업자들을 찾아다녔다. 국내에서도 서울, 대구, 대전 등 주요 도시를 돌면서 '좋은 원두 찾아 3만리'를 이어갔다.

처음에는 내가 직접 원두를 구매하고 볶아 낸 뒤 내 카페에서 판매하고 다른 카페에도 공급하는 생각도 하지 않은 것은 아니다. 하지만 소자본 1인 CEO의 입장에서 그건 결코 쉬운 선택이 아니었다. 원두를 직접 볶자니 우선 자본이 많이 들었다. 사실 그 자본을 다 마련하기도 어려웠지만, 그렇게 사업을 시작하다가는 1인 카페, 1인 기업을 운영하기는 사실상 어려웠다. 그래서 나의 까다로운 기준을 통과할 수 있는 공급 업자를 찾아 나서는 것이 더 좋겠다고 판단했다. 궁하면 통한다고 했던가? 정말로 많은 곳을 돌아다녔는데, 답은 놀랍게도 근처에서 찾게 되었다.

내가 사는 아파트 주변, 그러니까 내 아파트와 카페 중간 지점에 있는 한 카페에서 나는 내가 추구하는 커피의 궁극적인 맛을 찾았다. 그 카페는 자신의 원두로 커피를 파는 것은 물론 주변에 원두를 공급하는 사업도 병행하고 있었다. 나는 거의 매일 그 카페를 찾아가 커피 맛을 체크했고, 때로는 공부를 했다.

OK. 이거야! 결정했다. 카페의 핵심 아이템인 커피가 결정되자 다른 것은 비교적 쉽게 결정됐다. 몇몇 음료와 디저트 메뉴도 최종 결정했다.

'가성비'라는 용어에 들어 있는 또 다른 요소인 가격은 다음에 나오는 '가격(Price)' 편에서 따로 다루도록 하겠다.

하지만 카페의 문을 열기 위해 막바지 준비를 하고 있을 때쯤, 마케팅에 '가심비'라는 새로운 기준이 제시되었다. 코로나 19 사태가 닥치기 전 얘기다. 가심비는 가격이나 성능보다는 심리적 안정과 만족감을 중시하는 소비 형태를 말한다. 가격 대비 성능을 뜻하는 '가성비'에 마음 심(心) 자를 더한 신조어다. 가격도 마음에 들고, 성능도 좋고, 거기에다가 심리적 안정감까지 줘야만 한다는 얘기다. 상황은 더욱 어려워지는 느낌이 들었다.

'심리적 안정감'

하지만 어려운 것이 아니었다. 내가 가만히 살펴보니 '심리적 안정감'의 극대화, 다시 말하면 가심비를 추구하는 것은 나만의 경쟁력이 있는 분야였다. 나만의 디자인, 나만의 상표, 나만의 분위기, 나만의 환경, 리브리베만의 디자인, 리브리베만의 상표, 리브리베만의 분위기, 리브리베만의 환경, 가심비를 높을 수 있는 요소를 찾아봤다. 무궁무진했고, 그건 내가 그동안 지속적으로 추진해 오던 것이었다. 그렇다. 최고의 맛에, 적정한 가격, 거기에다 심리적 안정감과 만족감을 줄 수 있다면, 더 이상은 필요

없다.

　나는 카페 리브리브를 둘러싼 것들, 디자인, 상표, 분위기, 환경을 최고로 바꾸는 데 주력함으로써 '제품'까지 최고 수준으로 끌어올리는 전략을 구사했다.

가격(Price)

다 음은 '가격(Price)'이다. 인류가 거래를 하기 시작하면서
가격은 영원한 화두였을 것이다. 가격에 자유로운 사람
이 있을까? 동네 문방구에서 이른바 불량식품을 사 먹는 초등학
생도, 기업 간 인수 합병을 위해 해외의 기업을 사들이는 기업가
도, 이놈의 가격 때문에 고민이 깊어진다.

가격을 결정하기 위해서는 '원가'를 심도 있게 파악해야만 한
다. 점포 임대 당시 지급한 보증금, 권리금은 물론 월세까지 모
두 원가에 반영을 해야만 한다. 점포 인테리어 비용에서부터 홍
보비용까지 원가에 넣어야 할 요소는 너무나 많았다. 물론 나의
인건비를 반영해야 하는 것은 물론이다.

'나의 인건비'

이 말을 꺼내 놓고 보니 내가 발가벗겨진 느낌이다. 정확하게 말하면, 나는 제대로 된 인건비를 받아 본 적이 없다. 학교 졸업과 함께 결정된 일본의 기업체도 내가 내 발로 걸어찼기 때문에 월급다운 월급을 받아 본 기억이 없다. 일본이나 제주도의 카페 등에서 아르바이트를 하면서 월급을 받아 보기는 했지만, 남들이 이야기하는 그런 수준은 아니었다. 물론 카페를 열기 전, 테스트 점포를 열고 3개월 동안 분투를 해서 월 ○백만 원 이상의 매출을 올린 기억이 있지만, 그중 나의 순수한 인건비는 따지고 보면 몇 푼 안 된다. 공무원이 된 친구, 회사원이 된 친구, 사업에 나선 친구 등의 이야기를 종합해 보면, 내 나이, 내 프로필을 가진 사람의 인건비는 대략 월 ○백만 원 정도다.

'이 중차대한 코로나19 정국에서 나의 인건비까지 모두 원가에 반영해야만 하는 것일까?'

이런 질문을 해 봤다. 나는 '아니다'라고 결론을 내렸다. 쉽게 이야기하면 나의 인건비는 원가에서 빼기로 했다. 때는 '비상시'였다. 이 비상사태를 극복하기 위해 나는 대신 원가에 '행복'을 집어넣기로 했다. 나의 행복을 집어넣어서, 고객도 행복해질 수 있다면, 그렇게 해서 이 코로나19를 극복해 낼 수 있다면….

고객도 행복하고 나도 행복한 가격은 얼마일까? 나는 이걸 고민하기 시작했다. 먼저 고객의 입장에서 보자. 내가 타깃으로 하는 고객은 쉽게 이야기하면 나 같은 사람이다. 경제적으로 여유가 많은 편은 아니다. 그렇다고 해서 어렵게 생활하는 것도 아니다. 나를 즐기고 싶다, 나만의 시간을 즐기고 싶다, 나에게 딱 맞는 공간을 사고 싶다, 하지만 지갑에 여유는 없다, 여유가 없기는 하지만 제대로 된 곳이라면 돈을 낼 준비는 돼 있다.

경쟁자를 분석했다. 스〇벅〇와 같이 큰 곳은 이미 나의 경쟁자가 아니다. 그런 곳을 즐기는 사람은 그런 곳으로 가면 된다. 뭔가 정해져 있는 분위기, 정해져 있는 맛, 수많은 다른 사람이 확인해 준 안정감. 그런 것들이 필요한 사람은 거기로 가면 된다. 나의 경쟁자는 카페 리브리베가 위치한 동네의 독립 카페들이다. 아마도 이들도 나처럼 많은 고민 속에, 많은 시행착오 끝에 문을 열었을 것이다. 매장의 넓이를 보면, 매장의 위치를 보면 자금 등 조건이 충분했을 리는 없다.

내가 바라는 것은 그들과 같이 나의 리브리베가 동반 성장하는 것이다. 그러기 위해서는 내가 살아남아야 한다. 내가 살아남기 위해서는 어떻게 해야 하나? 그들보다 먼저 고객의 선택을 받아야 한다. 같은 골목 등 인근 카페의 가격을 조사해 봤다. 여기에서 다루는 가격은 2020년 봄 코로나19 속 개업 초기의 가격임을 미리 밝힌다. 이후 주변 카페는 물론 카페 리브리베의 가격에도 여러 가지 변화가 있었다. 기본 커피, 그러니까 아메리카노의 가격대는 대략 2,000~3,000원 선이었다.

'그래, 고객의 행복을 위해서는 3,000원 선을 넘어서는 안 돼.'

내 마음은 2,500원 선으로 정해졌다. 이건 고객을 위한 행복의 마지노선이었다. 그리고 다른 카페도 동반해서 생존할 수 있는 적정 가격이었다. 다음은 나의 행복이다. 내가 행복할 수 있는 가격은 얼마인가? 물론 내가 행복하기 위해서는 나에게 수익을 많이 남겨 주는 가격이 유지되어야 한다. 고객 행복을 위해 정한 2,500원 선을 유지한다면, 나는 행복할 수 있을까? 하루에 몇 잔을 팔아야 나의 리브리베를 존속시켜 나가고, 나의 행복의 가치까지 확보할 수 있을까? 매장의 면적이나 위치 등으로 봐서 2,500원 선을 유지해서는 나의 행복을 확보하기가 쉽지 않았다.

'그래 3,500원으로 정하자.'

그렇게 해서 가격을 결정했다. 결론적으로 내가 정한 가격대는 대체로 원래 목표했던 것과 맞아떨어졌다. 인근의 경쟁 업소에 비해 약간 비싼 편이었지만, 리브리베가 주는 만족도로 상쇄하면, 그렇게 비싸다고 할 수는 없었다. 나중에 고객들의 반응도 그랬다. 다른 메뉴의 가격도 이런 방식으로 정했다. 다른 음료류와 디저트류의 가격을 정할 때도 고객의 행복과 나의 행복을 견주는 나만의 가격 산출 방법은 그대로 활용됐다.

장소(Place)

마케팅 믹스에서 중요한 것 중 다른 하나는 '장소(Place)'다. 크게 보면 카페 리브리베가 추구하는 장소의 기본 콘셉트는 '비수도권'이다. 우리나라에는 정말로 지긋지긋한 인식이 하나 있다. 그건 서울을 중심으로 한 '수도권'이 이 세상의 모든 것을 지배한다는 것이다. 대학도 서울에 있어야 최고. 회사도 서울에 있는 곳을 다녀야 엘리트. 그렇다면 커피도 서울에서 마셔야 최고일까? 정확하게 답을 낼 수 있다.

"아닙니다."

커피는 서울이 아닌 곳이 더 맛있다. 맛있을 수 있다. 커피의 맛을 좌우하는 요소는 많다. 원두와 원두를 볶는 기술, 그걸 내리는 기술 등등. 하지만 원두도 같고, 볶는 기술도 같고, 내리는 기술도 같다면? 그건 그걸 마시는 곳이 어디냐가 중요하다. 장소가 커피의 맛을 좌우하는 중요한 요소라는 것이다. 사람들이 분위기를 찾는 것도 따지고 보면 같은 이치다.

서울 사람들은 왜 주말이면 도봉산으로 북한산으로, 아니면 더 멀리 강원도로 충청도로 떠날까? 서울 사람들은 왜, 경기도 외곽으로 빠져나가는 길에 있는 시골 카페에서 한잔의 커피를 마시면서 여유를 느끼는 것일까? 답은 간단하다. 모든 것이 다 몰려 있는 서울에서는 진정한 맛을 찾기가 어렵기 때문이다. 맛을 결정하는 요소 중 또 하나의 중요한 것이 바로 장소라는 얘기다. 카페 리브리베의 핵심 장소 콘셉트는 그래서 비수도권이다. 수도권이 아닌 곳에 위치한 것이 최대 강점이라는 얘기다. 너무 길어졌나? 사실 마케팅 믹스에서 이야기하는 '장소'는 이런 게 아니다. 나도 안다. 그 정도는.

카페 리브리베는 이렇게 중심에서 벗어나기를 원한다. 끊임없이 중심에서 이탈한다. 서울이 아닌 대전을 터전으로 삼는다. 대전 중에서도 옛 도심인 은행동도 아니고, 새 도심인 둔산도 아니다. 최근 뜨는 도안지구도 아니다. 그렇다고 ○○동상권도 아니다. 그냥 유성의 구도심에 있는 평범한 골목길이다.

사실 유성의 몇몇 상권은 최근 무척 떴다. 특히 ○○동 상권은 핫 플레이스로 급부상했다. 하지만 나는 유성 중에서도 중심이 아닌 곳을 선택했다. 대전의 도심에서도 벗어났고, 유성

상권의 핵심에서도 벗어난 곳이다. 유성, 그 옛날 우리의 할머니, 할아버지 세대, 어머니 아버지 세대 중에는 유성온천으로 신혼여행을 다니시고는 했다는 얘기를 들은 적이 있다.

그렇다. 리브리베는 온천지에 있다. 카페 리브리베에서 20분만 걸으면 공짜로 족욕을 마음껏 즐길 수 있는 온천이 있다. 장소와 관련된 콘셉트의 핵심은 '여유'다. 1,000만 명이 사는 복작복작 서울이 아니다. 150만 시민이 사는 대전의 중심도 아니다. 온천을 즐기려는 사람이 있고, 여유를 찾으려는 사람이 있는 그곳. 거기에 카페 리브리베는 위치해 있다.

핵심은 터미널이다. 터미널이 뭔가? 떠나고, 오는 곳이다. 만나고 헤어지는 곳이다. 그가 떠나고 나서 조용히 눈물을 훔치던 곳이다. 카페 리브리베의 장소 콘셉트의 핵심은 이 터미널에 있다. 카페의 문을 열고, 몇 발자국만 옮기면 터미널이 보인다. 버스에 타는 사람이 보이고, 버스에서 내리는 사람이 보인다.

어떤 사람은 버스를 타기 전에, 어떤 사람은 긴 버스 여행에 지쳐서, 리브리베를 찾는다. 나는 그걸 기대했다.

프로모션(Promotion)

카페를 비롯한 외식 업계만큼 연간 단위로 '프로모션 (Promotion)'이 활발하게 진행되는 곳이 있을까? 설, 추석 명절은 물론 밸런타인데이, 화이트데이 등 무슨 무슨 '데이'가 즐비하다. 졸업·입학 시즌은 또 어떤가? 봄, 여름, 가을, 겨울별로 많은 이벤트가 있고, 많은 프로모션이 있다. 업종에 따라서는 판촉물이나 경품을 내걸기도 하고, 가격할인 경쟁도 한다. 이런 프로모션은 사회의 트렌드나 사회적 이슈에 따라 스피디하게 진행된다.

나는 처음에 프로모션에 대해서는 보수적인 입장이었다. 세상이 어수선할 때 편안한 장소를 제공한다는 리브리베의 콘셉트에 맞지 않는다고 생각했기 때문이었다.

'그래 흔들리지 않고 가자.'
'경쟁자가 시끄러운 프로모션을 내놓을 때 나는 조용히 가자.'

그게 창업 당시 내 프로모션의 기본 콘셉트였다. 하지만 이 콘셉트는 때로 흔들렸다. 그 대표적인 사례로 'PPL'을 시도한 것을 들 수 있겠다. 최근 각종 업계의 마케팅에서 PPL(Products in placement)이 활발하게 진행되고 있다. PPL은 영화나 드라마 등에 특정 제품을 노출시켜 광고 효과를 노리는 간접 광고를 말한다. 한 유명 프랜차이즈는 크게 히트한 드라마를 통해 PPL을 진행해 전체 가맹점 매출을 20% 이상 올렸다는 기사를 본 적이 있다. 나도 그 꿈을 꿨다.

대전에서는 꽤 많은 영화와 드라마가 촬영된다. 대전에는 대전정보문화산업진흥원 등 영화 촬영을 지원하는 기관이 있고, 한남대 선교사촌, 지은 지 100년 가까이 된 옛 충남도청사 등 영화·드라마 촬영의 명소가 많기 때문이다. 나는 대전에서 영화가 촬영된다는 소식을 들을 때마다, 감히 PPL 홍보에 도전하곤 했다. 하지만 나는 영화계에 아는 사람이 없었다. 그래서 지인의 지인 등 인맥을 총동원해 영화에 카페 관련 장면이 있다면, 리브리베에서 촬영할 수 있는 지 여부를 타진했다.

그 옛날 고교 시절에 홍보대사 역할을 수행하기 위해 최고의 야구스타였던 류현진 선수의 힘을 빌렸던 경험을 활용한 도전

월화수 쉬고 목금토일만 여는 카페

이었다. 하지만 결과는 '노(NO)'였다. 문제는 나의 정보력과 네트워크였다. 영화나 드라마의 촬영지는 그 순간순간 결정하는 것이 아니다. 영화는 시나리오가 완성되면 장기 계획 속에 제작이 진행된다. 촬영지를 결정하는 전문가가 시나리오에 맞춰 적합한 장소를 고른 뒤 감독이 최종 결정한다. 나는 영화가 대전에서 촬영된다는 소식을 듣고 나서 몇 차례 PPL을 시도했다. 하지만 그때는 이미 늦은 시점이었다. 촬영 장소가 이미 결정되고 난 뒤였기 때문이다. 그리고 또 하나의 문제가 있었다. 영화를 찍으려면, 배우는 물론 수많은 스태프와 장비가 동원된다. 10평 남짓 규모의 리브리베에서는 대형 상업 영화를 찍기가 사실상 어렵다는 사실을 나중에 알게 되었다. 그래서 나는 카페 내부 촬영을 통한 PPL은 포기하고, 대신 카페 앞 촬영을 통한 PPL에도 도전했지만, 그것도 이루어지지 않았다. 핵심은 내 카페는 물론 거리 전체가 영화의 콘셉트와 맞아야 하는데, 그런 궁합이 갑자기 맞을 리가 없었다. 그렇게 나의 PPL 도전기가 막을 내리는가 했는데, 그게 아니었다. 독립 영화를 만드는 한 지인이 카페 리브리베에서 촬영을 하고 싶다는 연락을 해왔다. '카페의 느낌이 영화의 흐름에 딱 맞는다'는 설명을 한 지인은 촬영을 하는 동안 영업하지 못하게 되는 데 대한 보상금도 지급해 줬다. 비록 대박을 내는 상업 영화는 아니었지만, 독립 영화의 몇 장면에 내 카페가 등장하게 되니 기분이 너무 좋았다.

지금도 나는 유명 영화나 드라마의 장면 속에 카페 리브리베가 나오고, 끝난 뒤 흘러나오는 자막에 '카페 리브리베'가 나오는 꿈을 꾸고는 한다. 언젠가는 내 카페를 대형 상업 영화나 드라마에 등장시키고 말겠다는 나의 꿈은 완전히 사라지지 않은 상태다. 하지만 내가 지속적으로, 흔들림 없이 추구하는 프로모션이 하나 있다. 그것은 문화적 감수성을 자극하는 것이다.

코로나19 사태 이후 사회 분위기는 극도로 침체됐다. 우울감과 불안감을 호소하는 사람이 급격히 늘어났다는 보도도 나왔다. 리브리베는 이런 사람을 위한 재충전의 공간, 불안 및 우울 해소의 공간이 되기를 원했다. 우리 인류가 어쩔 수 없이 맞이하게 된 코로나19 시대, 리브리베의 프로모션 방향은 불안감을 내리고 편안함을 높이는 쪽을 향했다. 그래서 매장에 레트로 감각을 극대화할 수 있는, 그 옛날 축음기 형태의 스피커를 비치했다. 그리고 1970년대 초반에 나온 완전 기계식 카메라를 매장 한쪽에 놔뒀다. 축음기 형태의 스피커와 기계식 카메라는 카페 리브리베를 상징하는 오브제였다. 그것만 봐도 편안해진다는 고객이 많았다. 주 고객이 20대에서 30대까지의 젊은 층이었지만, 우울한 코로나 시대를 맞은 그들은, 그 옛날 드라마에서나 본 것 같은 축음기 형태의 스피커와 기계식 카메라를 보고 만지면서 편안함을 찾는 것 같았다. 편안함은 카페 리브리베를 머무는 공간으로 만드는 힘을 발휘했다.

나는 손님의 빠른 회전을 원하지 않았다. 가끔씩 테이블이 가득 차 문을 열어 보고 그냥 가는 손님이 있지만, 나는 카페 안에 앉아있는 손님들의 편안한 얼굴을 보는 것만으로 만족할 수 있었다. 그리고 문을 열고 나가는 고객의 그 아쉬워하는 얼굴에서

'다음에 반드시 또 오고 싶다'는 마음을 읽어 낼 수 있다.

최종적으로 내가 선택해 구체적으로 실행한 프로모션은 앞에서 설명한 '리브리베 선물 쿠폰' 발행과 '리브리베 선물 세트' 발매 정도였다.

5부

카페 리브리베, 최대의 위기를 맞다

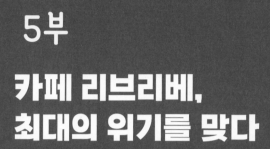

월 화 수 쉬 고 목 금 토 일 만 여 는 카 페

터미널이 사라지다

세 상은 정말로 변수의 연속이다. 내가 미처 생각하지 못한 일이 연속해서 터진다. 언제 어떤 일이 터질지 아무도 모른다. 내가 1인 CEO의 길을 선택하고, 카페 리브리베를 경영해 온 이 짧은 기간에도 정말로 많은 일이 생겼다.

내가 지금의 리브리베 위치를 결정한 중요한 계기는 인근에 유성 시외버스터미널이 있다는 것이었다. 이 점포가 갖는 위치의 가치를 발견한 것도 터미널이 있었기 때문이었고, 최종 결정한 것도 점포가 터미널 근처에 있었기 때문이었다. 막상 카페의 문을 열고 나니, 특히 코로나19 사태로 인해 대학들이 원격수업에 들어가면서 터미널을 통해 오는 젊은 고객이 생각보다 많지는 않았다. 그렇다고는 해도 시외버스정류장과 관련된 손님의 발길은 꾸준히 이어졌다. 정확한 비율은 확인할 길이 없지만, 적어도 30~40%는 되는 것 같았다. 버스를 타기 위해 휴식을 취하러 오는 손님, 버스에서 내려 쉬고 가려는 손님, 친구나 연인과 만나기 위해 들어오는 손님 등등. 시외버스터미널과 관련이 있는 사람들이 우리 리브리베를 찾아 주는 것은 엄연한 사실이었다.

사실 내가 근처 상권을 조사하는 과정에서 리브리베 인근의 유성 시외버스터미널에 대한 이전 사업이 추진되고 있다는 사실은 파악하고 있었다. 하지만 대형 복합 터미널 형태로 진행되는 이전 사업은 지난 10년 정도 실패의 연속이었다. 여러 차례 민간 업자가 사업을 시도했지만 그때마다 실패했다. 이후에 사업이 새로 추진됐지만, 내가 점포를 계약하던 그 시점에서 보면 일이 잘 진행돼도 5년 이상 걸리는 대형 프로젝트였다. 그 때문에 적어도 4~5년은 유성 시외버스터미널 고객을 우리 매장으로 끌어들일 수 있다는 판단을 하고 있었다. 그리고 브랜드 파워가 형성되고 입소문이 난다면 현재의 위치에서 약 500m 정도 떨어지는 곳으로 터미널이 이전을 한다고 해도 고객을 유지해 나갈 수 있다는 판단을 했었다. 그런데 일이 정말로 꼬였다. 민간에서 추진하던 복합 터미널 개발 사업이 물 건너가고 나서 대전시와 대전도시공사가 공영 개발 형식으로 복합 터미널 사업을 추진한다는 발표가 나왔다. 이 시점까지만 해도 문제가 될 것은 없었다. 공영 개발을 해도 사업 기간이 5년은 걸리기 때문이다.

"비좁고 위험한 현재의 유성 시외버스터미널을 복합 터미널 예정 부지에 짓는 임시 청사로 바로 이전하기로 했대."

어느 날 지인이 이런 소식을 전해왔다. 놀라운 소식이 아닐 수 없었다.

"언제 이전한대?"
"2021년 8월에…."
"…."

한동안 나는 아무런 말도 할 수 없었다. 날벼락 같은 소리가 아닐 수 없었다. 사정을 자세히 들어 보니 내용은 이랬다. 기존 유성 시외버스터미널 부지가 좁아 늘 위험하고 혼잡하니, 새로 복합 터미널을 짓기로 한 곳의 광장 부지에 임시 건물을 짓고, 복합 청사를 완공할 때까지 임시 터미널로 이용한다는 것이었다. 그렇다면 8월 중순부터 터미널 손님을 더 이상 기대하기 어렵다는 얘기가 아닌가? 사실 이 터미널을 이용하는 대학생들은 나의 고정 고객으로 만들겠다는 계획은 코로나19가 완전히 앗아간 상태였다. 브랜드 파워를 키우고 단골 고객을 만들어 터미널 이전을 대비하겠다는 계획은 이렇게 물거품이 됐다. 터미널을 이용하던 대학생들을 만나 보기도 전에 터미널이 멀리 가버린 셈이었다.

'아 세상은 늘 이런 것인가?'

'세상은 이렇게, 언제나 예측 불가능한 일의 연속이란 말인가?'

하지만 이 사태는 피한다고 피할 수 있는 것은 아니었다. 대응책이 필요했다. 이 글을 쓰고 있는 지금 카페 근처에 터미널은 이미 사라진 상태다. 거대 자본이 새 터미널 부지 인근에 드라이브 스루 매장을 내기도 했지만, 나는 거기로 이전하거나 새로운 점포를 낼 힘이 없다. 일단 나는 나를 설득했다.

'어차피 터미널 고객이 차지한 비중은 크지 않았어.'

나는 나를 지속적으로 설득했다. 그러고서 전략을 새로 마련하기 시작했다.

'마케팅의 타깃을 새로 설정하자. 그리고 리브리베를 찾아 주는 고객들에게 더욱 큰 만족감을 드려 리피터(단골고객)를 늘리자.'

나의 전략은 그것이었다. 타깃은 카페 인근 원룸 주민과 나의 SNS를 보는 원거리 고객 등 2개로 압축됐고, 그에 따른 마케팅 전략을 세웠다. 당연히 카페 인근의 주민들을 대상으로 한 마케팅을 강화하기 위한 방안이 나와야 했고, 인스타그램 등 SNS 홍보를 강화할 수 있는 묘안이 마련돼야 했다. 인근에서 오는 집토끼와 외지에서 오는 산토끼를 모두 겨냥하겠다는, 그래서

월화수 쉬고 목금토일만 여는 카페

그 두 토끼를 모두 리피터로 만들겠다는 것, 그것이 나의 마지막 전략이었다. 포기한 토끼는 터미널 토끼였다. 사실상 이게 집토끼였었는데, 어쩔 수 없는 상황이었다. 터미널이 이전한 이후에 손님이 줄어드는 현상은 피할 수 없었다. 경영상에 큰 위기감이 감돌았다.

탈출구가 필요했다. 눈이 자꾸만 밖으로 향했다.

겁 없는 도전:
숙박업 진출?

밖으로 나돌던 내 눈이 한 곳에 꽂혔다. 그건 '사고'의 시작이었다. 사실 내가 카페 리브리베를 연 것도 부모님이나 주변 분들 입장에서 보면 '사고' 그것도 '대형 사고'를 친 것이었다. 좋은 직장에 들어가, 그것도 아니면 평범한 직장에라도 들어가 규칙적인 생활을 하면서 월급을 꼬박꼬박 받다가 안정적인 생활을 하는 것을 최고로 여겨온 기성세대, 그중에서 나의 인생을 진심으로 걱정해 주는 가족이라면 그런 생각은 당연한 것이었다.

"사업을 하더라도, 적어도 몇 년은 사회 경험을 하고 나서 해야지…."

지겹게 들은 말이다. 가깝게는 부모님부터 할머니, 외할머니로부터 그리고 친구나 후배·동생으로부터도 그런 말을 들었다. 내가 가장 많이 들은 말은 대략 이랬다.

"경험을 쌓고 자본도 스스로 마련하고 나서 사업에 나서라."

그런 얘기, 그런 말, 틀린 것은 분명히 아니다. 하지만 나는 그 사람들의 기대에서 분명히 벗어났다. 어차피 정해진 궤도는 벗어났다. 기차가 궤도(철로)에서 벗어났고, 나는 기차를 버리고 승용차로 갈아탄 셈이었다. 아주 작은 경차를 한 대 렌트해서 올라탔다고 해야 할까? 그런데 그 경차, 그 가여운 경차를 가로막는 일이 너무나 많았다. 출발도 하기 전에 나의 경차가 지나갈 길 앞에 커다란 통나무가 넘어져 있었다. '코로나19'라는 통나무. 저걸 피해서 가야 하나, 저걸 치우고 가야 하나, 저 아래의 땅을 파고 지나가야 하나, 아니면 가지 말아야 하나. 차를 뒤로 후진시킨 뒤 급발진을 해서 통나무를 넘어가야 하나. 거기서 나는 선택했다. 출발 시간을 다소 늦추기는 했지만 나는 통나무가 놓인 도로를 앞에 두고 엔진에 시동을 걸었다. 통나무 아래에 생긴 작은 틈을 이용해 간신히 빠져나왔다. 아마 대형 SUV였다면 빠져나오지 못했을 것이다. 하지만 그 이후가 문제였다. '코로나19급' 통나무는 내가 가는 길 앞에 수시로 쓰러져 있었다. 그때마다 새로운 선택을 해야 했고, 그런 가운데 전진을 해야만 했다. 그러나 시간이 아무리 지나가도 답이 나오지 않았다. 경차가 가기는 가는데, 속도가 너무 느렸고, 목적지는 여전히 보이지 않았다. 일단 수익이 너무 적었다. 코로나19로 인한 거리 두기 조치가 강화될 때마다, 매출은 널을 뛰었고, 수시로 위기가 느껴졌다.

"살아야만 해, 여기서 살아남아야만 해."

늘 그런 생각을 했다. 무슨 방법이 없을까? 무슨 방법이 없을까? 온종일 손님이 없는 날, 허공을 보면서 나는 그런 생각을 했다. 그러다가 생각해 낸 것은 '사업의 다각화'였다.

'카페가 어려우면 다른 것으로 눈을 돌리자.'

코로나19 사태가 1년을 넘기면서, 국내 여행 수요가 커지기 시작했다. 제주도나 강원도 등 유명 관광지는 물론 '노잼의 도시'로 알려진 대전을 찾는 사람도 꽤 늘어나기 시작했다. 여기저기에서 숙박업이 예상외의 호황을 누린다는 얘기가 들려왔다.

'포스트 코로나 시대를 대비해야만 먹고살 수 있어.'

이런 얘기도 들렸다. 코로나19 사태가 끝나고 난 이후를 준비해야만 한다는 얘기였다. 제주도 살기 등을 통해 숙박업을 경험해 본 나로서는 귀가 솔깃할 수밖에 없는 얘기였다. 전 세계의 숙박 네트워크를 구축한 에ㅇ비ㅇㅇ를 활용한 숙박업에 비전이 있다는 얘기가 여기저기에서 들려왔다. 바로 시장조사에 들어갔다. 소문대로 대전에서도 꽤 많은 업소가 호황을 누리고 있다는 사실이 확인됐다. 1인 CEO 윤예리의 실행력은 여기서 도 발휘된다.

'카페를 하면서 동시에 숙박업도 하자.'

깨끗한 원룸을 하나 임대해 최고의 서비스를 제공하는 숙소 로 손님들에게 제공한다는 것이 나의 새로운 사업 목표였다.

'오전 카페의 문을 열기 전에 숙소로 가서 손님을 보내고 방을 정리 한다. 카페로 돌아와 영업을 하면서 손님을 기다린다. 손님이 와서 체 크인을 할 때는 자동문의 비밀번호만 알려 준다. 별도의 노동력을 들 이지 않고도 사업을 진행할 수 있다. 인건비도 추가로 들지 않는다.'

내가 생각한 것은 경영자는 하루에 딱 한 번만 가도 운영이 가능한 숙소였다.

'고객의 만족도를 최대한 이끌어내 대전을 대표하는 숙소로 만들자.'

지금 생각하면 무모하기 그지없는 이 계획은 어쩌면 코로나 19 사태에 의해 빚어진, 나의 '판단력 착오'의 첫 시작이었는지 모른다. 바로 건물 찾기에 나섰다.

조건은 3가지였다. 카페와 가까울 것, 새 건물일 것, 임대료가 내가 감당할 수 있는 수준일 것. 일단 카페 근처에서 걸어서 갈 수 있는 공간을 찾았다.

"어, 있네."

궁하면 통한다는 말이 맞기는 맞는다는 생각이 들었다. 위의 3가지 조건에 딱 맞는 원룸이 나와 있었다. 물론 모든 계산이나 판단은 나 스스로가 했다. 가슴이 뛰기 시작했다. 동시에 평정심이 깨졌다.

"저걸 다른 사람이 채가면 어떻게 하지?"

급한 마음에 상당한 금액의 예약금을 입금했다. 그때까지 주변 사람들과는 거의 상의를 하지 않았었다. 사업 영역을 숙박업으로까지 확대하는 이 중차대한 상황에서 부모님을 비롯한 주변 분들과 전혀 상의를 하지 않았다는 얘기다. 늦은 저녁 시간, 집에 가니 부모님이 모두 깨어 계셨다.

"할 얘기가 있는데…."
"무슨 얘긴데 그렇게 뜸을 들여?"
"사실은 새로운 사업을 해 보려고…."

엄마 아빠의 눈이 2배는 커졌다. 지금까지 있었던 일을 설명했다. 하지만 두 분 모두 완강하게 반대했다. 예상했던 대로다. 반대의 이유는 너무나 많았다.

"카페 리브리베에 전력을 다해도 모자랄 판에 말이 되니?"

월화수 쉬고 목금토일만 여는 카페

"혼자서 카페를 경영하는 데도 손이 모자라 쩔쩔매면서 그게 물리적으로 가능한 거니?"

"지금 대전 시내의 고급 숙박업소도 방이 남아돈다는데 경쟁력이 있겠니?"

"너 그런 원룸에서 숙박업을 하는 게 불법이라는 사실은 알고 있니?"

"거기에 투자할 자금은 마련돼 있니?"

쏟아지는 질문에 대답이 가능한 것은 딱 하나뿐이었다.

"조금 더 일찍 일어나고, 조금 늦게 자면 시간은 가능할 것 같아."

"니가 가능한 거는 그것뿐 아니니?"

"…."

이튿날 아침, 눈을 떴다.

'작은 저가 항공사를 운영하는 어느 CEO가 코로나19 사태로 손님이 끊겨 망하게 생겼다. 그런데 이 CEO가 거대 규모의 호텔을 새로 사들이려고 나선다.'

'이런 사실을 너 윤예리가 알았다면 어떤 생각이 들겠니?'

'참 바보같은 CEO라고 생각을 하겠지.'

나의 판단력이 새로운 눈을 뜨고 있는 것이었을까? 눈을 뜬 나는 자문자답을 하고 있었다.

'맞아, 가능한 것이라고는 단 하나도 없는 무리한 계획이었어.'

결국 나는 거액의 예약금을 포기했고, 통장에서 빠져나간 그 예약금을 보면서 나의 무릎을 꼬집어야만 했다. 아팠지만, 그게 현실이었다.

냉철하기로 나름 소문이 난 1인 CEO 윤예리가 흔들릴 만큼 상황은 좋지 않았다.

최고 상권으로의 도전,
그리고 좌절

자전거가 페달을 밟지 않으면 쓰러지듯이, 기업도 페달을 밟지 않으면 쓰러진다. 이건 진리다. 지금까지 1인 CEO 윤예리는 하루도 거르지 않고 페달을 밟았다. 외로웠지만, 열심히 밟았다. 페달을 밟지 않으면 쓰러질 것만 같은 불안감이 수시로 엄습해왔다. 하지만 너무나 험한 세상이었다. 1인 CEO가 넘어가기에는 너무나 높은 장애물이 쑥쑥 생겨났다. 한마디로 경차로는 힘이 부쳤다.

처음 출발선에 있을 때 도로를 가로 막고 있던 통나무(코로나 19)는 경차의 그 작고 날렵한 몸집 덕분에 빠져나왔지만, 이후 경차는 늘 덜컹거렸다. 힘이 달렸기 때문이다. 거기에다 수시로 찾아오는 거리 두기 조치로 승차 인원은 갈수록 줄어들었다. 운전자 혼자만 타고 달려야만 하는 경차.

"이대로는 안 돼."

"경차로는 승부를 낼 수가 없어."

"스포츠카로 바꿔야 해. 사람들의 관심을 끌 수 있는 멋진 스포츠카로…."

"중고라도 좋아. 중고 스포츠카라도 좋아. 중고 미니 스포츠카라도 괜찮아."

나의 결론은 그거였다. 지금 있는 정겨운 골목길에서 덜컹거리는 경차로 승부를 낼 수는 없다고 생각했다.

'스포츠카를 끌고 멋진 대로로 나가야만 손님들이 주목하고, 찾아와줄 거야.'

결단을 내리기로 했다.

"그래 옮기자."

생각이 여기에 미치자 다시 바빠지기 시작했다. '규모'는 키우지 않더라도 '상권'은 옮겨야겠다는 생각에 이르게 됐다. 코로나19 사태 속에서도 최고 가치를 이어가고 있는 ○○동 상권으로 리브리베를 이전하는 계획을 세웠다. 시장조사에 나섰다. 음식점과 술집이 많고 야간 통행 인구가 대전에서 거의 최고 수준인 ○○동 상권. 나에게는 집과 비교적 가까워 출퇴근이 가능한 데다 연중 손님이 많은 안정적인 상권이라는 점이 매력적인 곳이었다.

'브랜드는 그대로 가되, 영업 스타일은 바꿔도 좋아.'

○○동 상권으로의 이전을 생각하기 시작하면서 카페 리브리베에 대한 나의 콘셉트 자체가 흔들리기까지 했다. 우선 물건을 찾아봤다.

조건은 3가지.

· ○○동 상권 중에서도 핵심 지역일 것
· 매장 면적은 지금 수준을 유지할 것
· 투자 규모는 내가 금융권에서 구할 수 있는 수준 안에서 소화
  가 가능할 것

부지런히 찾았다. 손님이 없는 시간에는 물건을 찾는 데 주력했다.

"이거네."

그러다가 ○○동 상권의 중심에 내가 생각하던 조건과 딱 맞는 물건이 하나 나와 있다는 사실을 알게 되었다. 매장 면적은 지금의 그것과 거의 비슷했다. 현장 조사에 나섰다. 여러 가지 조건이 나쁘지 않았다. 다만 문제가 하나 있었다. 지금의 리브 리베는 화장실이 밖에 따로 있기 때문에 매장 면적에 화장실이 포함돼 있지 않지만, 새로 발견한 물건은 매장 면적에 화장실 면적이 포함돼 있었다. 결국 손님을 받을 수 있는 면적이 화장 실만큼 줄어든다는 얘기였다. 매장 면적이 지금보다 30% 정도 줄어들 수밖에 없었다. 이런 상황에서 타개책은 딱 하나였다.

'테이크아웃'

테이크아웃 손님을 잡는다는 전략을 구상했다. 야간 통행인이 많은 만큼 식사나 음주를 마치고 지나가는 사람들을 겨냥한 테이크아웃 카페로 콘셉트를 바꾸겠다는 생각을 한 것이다. 곰 곰이 생각해 봤다. 테이크아웃 중심 카페란 어떤 곳인가? 일단 커피 등 음료의 단가가 싸다. '박리다매(薄利多賣)' 전략을 구사할 수밖에 없다는 판단이 들었다. 그렇다면 지금까지 내가 추구해 온 '편안한 공간', '고객에게 행복을 가져다 주는 공간'을 만드는 것은 사실상 불가능해지는 것이었다. 이 시점에서 회의가 들기 시작했다.

· 카페 리브리베의 정체성을 버리면서까지 이곳으로 옮겨야 하나?

· 테이크아웃 카페를 혼자서 운영한다는 것이 가능한가?

· 아르바이트 직원을 고용해서 수익을 낼 수 있을 것인가?

모든 질문에서 답이 나오지 않았다. 그리고 결정적인 이 질문. 내가 나에게 제시한 이 질문

· 윤예리 너 스스로가 행복한 공간이 될 수 있겠니?

· 온종일 싼 커피를 마구 팔면서 무슨 보람을 느낄 수 있겠니?

· 카페를 찾는 고객분들께 행복을 드릴 수 있겠니?

이 질문에 대해서는 답이 분명했다.

· 나에게 행복한 공간이 될 수 없어.

· 보람을 느낄 여유도 없을 거야.

· 카페를 찾는 고객분은 가격에 만족하는 정도겠지.

이 자문자답은 결국, 낡고 힘없는 경차를 작지만 멋진, 사람들의 관심을 끌 수 있는 미니 스포츠카로 바꾸겠다는 계획을 포기하게 했다. 다행히 이번에는 예약금을 미리 내는 조급증에서 벗어날 수 있었기 때문에 손해를 입지 않았다.

그렇다. CEO는 외롭다. CEO는 늘 생각한다.

어떤 대기업 CEO는 진짜 감옥 안에 들어가 있을 때도 중요한 일을 혼자서 외롭게 결정한다고 하지 않는가?

나 윤예리. 1인 CEO 윤예리. 카페 리브리베라는 사랑스런 나의 공간, 남들이 보면 어쩌면 감옥과도 같을 수 있는 이 좁은 공간에서 나는 늘 외로운 결정을 내리고, 실행해야만 한다. 그 결정은 때로는 작은 성공으로 다가오고, 때로는 큰 실패로 다가온다.

6부

워라밸, 그리고
지속 가능성을 꿈꾸며

월 화 수 쉬 고 목 금 토 일 만 여 는 카 페

사람은 때로 전혀 다른 각도에서 자신을 볼 필요가 있다. 그래야만 자신을 객관적으로, 정확하게 볼 수 있다. 나는 나를 객관화는 일, 나를 객관적으로 보는 일이 무척 중요하다고 생각한다. 그럴 때 나는 나와 다른 사람, 다른 세계를 통해 나를 살펴보곤 한다.

나는 특정 기업가들의 활동을 유심히 살펴보곤 한다. 그들의 정신, 그들의 기업가 정신을 통해 나를 살펴보고 싶기 때문이다. 기업가의 고유한 가치관이나 그가 갖고 있는 가업가로서의 태도를 흔히 '기업가 정신'이라고 한다. 기업가는 기업의 본질인 이윤을 추구하면서 동시에 사회적 책임을 수행해야만 한다. 기업가가 갖추어야 할 자세나 정신은 기업이 처한 상황과 시대에 따라 변화하기 마련이다.

나는 비록 출발은 1인 기업의 CEO지만, 제대로 된 기업가 정신을 갖는 것이 무척 중요하다고 생각한다. 그래서 관심을 갖기 시작한 것이 바로 기업가와 그들의 정신이다.

'작은 것', '느린 것'의 가치를
추구하는 군겐도

나는 일본에서 초등학교도 다녔고, 대학도 다녔다. 일본인 친구도 많고, 일본 문화에도 상당히 익숙하다. 어떤 사람은 일본에 대해 비판을 하고, 어떤 사람은 일본으로부터 배울 것이 많다고 말한다. 어떤 사람은 일본을 거세게 비판을 하면서 동시에 배울 것이 많다고 칭찬하기도 한다. 이런 모습은 어찌 보면 당연한 것인지도 모른다. 일본인이나 미국인이 우리나라에 오면, 비판할 것도 있고 칭찬할 것도 있을 것이다. 나도 마찬가지다. 일본을, 일본인들을 좋아하기도 하고, 배울 것이 많다고 생각하기도 한다. 하지만 때로는 '이건 아닌데'라고 생각하는 것도 꽤 있다. 그런데 1인 CEO 윤예리가 모델로 삼은 일본의 기업이 하나 있다. '일본 기업' 하면 떠오르는 도요타나 소니 같은 큰 기업이 아니다. 유니클로나 일본 다이소 등 우리나라에도 꽤 알려진 소매점 기업도 물론 아니다.

아, 말이 나온 김에 유니클로와 다이소, 이 두 기업에 대해 먼저 짚고 넘어갈 것이 있다. 두 기업은 모두 일본의 수도 도쿄가 아니라, 지방에서 시작해 글로벌 기업이 됐다는 공통점을 갖고 있다.

유니클로의 경우, 일본 정부의 수출 규제 정책에 대응한 한국 국민들의 불매 운동으로 어려움을 겪기도 했지만, 글로벌 기업으로 성장한 것은 분명하다. 그런데 이 기업의 출발지는 수도 도쿄[東京]가 아니라 지방, 그 중에서도 일본 혼슈[本州, 본섬]의 최서단인 야마구치[山口]다. 지금도 본사는 야마구치에 있다. 유니클로의 홈페이지에 의하면, 2023년 2월 말 현재 점포 수는 2,429개에 이른다. 이 중 807개는 일본 국내에 있고, 나머지 1,622개는 해외 24개 나라에 있다. 지방에서 시작해 일본 전국을 제패하고, 해외로 진출한 기업이라는 얘기다.

일본 다이소 역시 비슷한 스토리를 갖고 있다. 일본 다이소의 정식 회사 명칭은 '다이소(大創)산업'이다. '다이소'는 대창(大創)이라는 한자의 일본식 발음이다. 다이소는 일본을 대표하는 '100엔숍' 기업이다. 100엔은 우리나라 돈으로 치면 1,000원이 조금 안 된다. 이 다이소의 출발지(창업 지역) 역시 도쿄가 아니라 지방이다. 다이소는 일본의 히로시마[廣島]에서 창업된 기업이다. 일본 다이소의 인터넷 홈페이지를 보면, 일본에만 다이소의 점포는 4,042개에 이른다. 또 해외의 26개 국가·지역에

2,296개 점포를 열고 있다. 이 통계에서는 다이소가 운영하는 다른 브랜드의 점포 수를 제외한 것이다. 오로지 다이소 점포만 이렇게 많다는 얘기다.

나는 이 두 기업에서 '위대함'을 하나 찾았다. 그것은 지방의 작은 점포에서 시작해 일본 전국은 물론 세계 시장을 완전히 정복했다는 얘기다. 1인 CEO 윤예리는 이 부분을 주목한다. '대전'이라는 지방에서 시작된 카페 리브리베의 미래를 이 두 기업의 성장 과정을 통해서 상상할 수 있기 때문이다.

그런데, 그런데… 내가 진정으로 감동한 일본 기업, 배우고 싶은 일본 기업은 유니클로나 다이소가 아니다. 일본 시마네[島根]현 오다[大田]시(내가 살고 있고 사업을 시작한 대전과 같은 한자를 쓴다. 묘한 인연을 느낀다.)에 가면 '오모리[大森]'라는 작은 마을이 있다. 인구가 500명에 불과한 곳이다. 한때 일본에서 가장 많은 은(銀) 생산량을 자랑하던 '이와미[石見]은광'이 있던 곳이지만, 광산이 폐광되면서 지역은 쇠락했다. 이때 이 작은 마을에 '군겐도[群言堂]'라는 기업이 하나 생겨나면서 마을의 모습이 완전히 바뀌었다. 군겐도의 본사는 오다시의 이 오모리 마을에 있다. 군겐도는 현재 약 100여 명의 청년 일자리를 창출하고, 일본 전국에 30개가 넘는 직영점을 갖고 있다. 작지만 강한 기업을 뜻하는 '강소(强小)기업'이 바로 이 군겐도가 아닐까? 그런 생각을 하게 된다. 강소기업 군겐도의 활약 덕분에 오모리 마을은 사람이 떠나는 곳이 아니라 사람이 몰리는 곳으로 변해 갔다.

월화수 쉬고 목금토일만 여는 카페

군겐도는 도대체 뭐 하는 곳일까? '군겐도'는 의류와 생활 소품 등을 판매하는 회사다. 이 회사의 제품은 디자인의 독특함과 품격, 그리고 소재의 우수성 등을 인정받으면서 엄청난 마니아를 확보하고 있다. 한국에도 군겐도 제품을 고집하는 고객이 있을 정도다. 군겐도는 또 오모리 본사에서 숙박업과 요식업도 진행하고 있다. 군겐도는 신비롭고 재미있는 이야기를 가득 담고 있는 기업이다. 군겐도는 민가를 개조한 '아베가[阿部家]'라는 숙박업소를 운영한다.

군겐도의 설립자인 마쓰바 도미[松場登美] 대표는 큰아이가 초등학교에 들어갈 무렵 남편의 고향인 오모리 마을로 들어갔다.

'수량과 속도에 압도되지 않는 일을 하고 싶다.'

도미 대표는 늘 이런 생각을 한다고 한다. 내가 군겐도에 대해 처음 알고 나서 이 부분에 감동했던 생각이 난다.

'수량과 속도'가 의미하는 것이 무엇인가?

그것은 매출을 의미하기도 하고, 경쟁을 뜻하기도 한다. 많이 팔고, 빨리 성장하고, 그래서 성공을 한다는 뜻이 담겨 있다고 나는 생각한다. 그런데 사업을 하는 사람이, 그 수량과 속도에 얽매이지 않겠다는 것이 아닌가? 그런 마음으로 사업을 해서 성공을 이루어 가고 있다는 것 아닌가? 그래서 나는 군겐도의 매력에 점차 빠져들기 시작했다.

마쓰바 도미 대표는 마을에 정착한 뒤 수작업으로 이런저런 생활 소품 등을 만들어 팔기 시작했다. 이게 군겐도가 벌인 사업의 시작이었다. 마쓰바 도미 대표는 주문이 늘어나자 마을 주민들과 힘을 모아 기업을 키워갔다. 그는 '한 사람이 일방적으로 결정하는 방식이 아니라 여러 사람이 내놓은 의견을 모아 좋은 방향으로 나아간다'는 뜻을 담고 있는 '군겐도[群言堂]'로 회사 이름을 정하고 그 뜻을 하나씩 실천해 갔다.

이와미 은광이 있던 오모리 마을은 전성기 때는 20만 명이 넘는 인구로 번성했었다. 하지만 1943년 광산이 문을 닫은 이후 500여 명이 사는 한적한 마을이 됐다. 마을이 아예 없어질 것을 우려하는 목소리가 나오던 상황에서 군겐도가 생겼고, 이곳으로 일자리를 찾아 젊은이들이 하나둘 모여들면서 거리는 활기를 찾아갔다. 회사 앞에 있는 논에서 모내기를 하기도 하고, 마을 주민들과 축제를 열기도 하는 여유로운 시골 회사 생활. 이런 생활은 복잡한 도시를 떠나고 싶어하는 사람들에게 매력적으로 다가갔다. 그래서 사람들이 몰리기 시작했다.

'풍요로운 자연 속에서 자신이 하고 싶은 일을 할 수 있는 일터'

군겐도가 이런 곳으로 알려지면서 젊은이들에게 인기가 높은 직장으로 자리를 잡아갔다. 원래 오모리 마을은 인구가 줄었고, 그만큼 빈집이 늘었다. 마쓰바 도미 대표는 빈집을 하나둘 인수해 고치기 시작했다. 그는 오래된 것의 가치를 되살리고, 거기에 아름다움을 보태는 데 온 힘을 쏟았다. 일본 에도[江戸]

시대 촌장의 집을 사들인 뒤 10년 넘게 다듬어서 만들어 낸 것이 바로 지금의 군겐도 본점이다. 마쓰바 도미 대표는 비어 있는 집을 하나하나 매입해 되살린 다음, 점포나 직원 숙소 등으로 사용한다. 그중 과거 무사의 집이었던 것이 앞에 이야기한 '아베가[阿部家]'다. 이 집을 개보수하는데 가장 긴 시간이 걸렸다. 220년 된 무사의 집은 1950년대 후반부터 빈집으로 남아 있었고, 집의 상태는 아주 좋지 않았다. 군겐도가 이 집을 매입할 당시, 천장은 내려앉아 있었고 벽은 허물어진 상태였다고 한다. 이런 집을 10년 넘게 고치고 되살려 지금은 최고의 게스트하우스로 운영하며 마을을 찾는 손님들을 맞고 있다.

처음에 생활 소품 등을 만들어 팔기 시작한 군겐도는 점차 사업영역을 넓히며 음식 만들기에도 관심을 쏟고 있다. 마쓰바 도미 대표는 아베가에서 손님들에게 음식을 내놓으면서 이런저런 이야기를 나누곤 한다. 그는 제철 재료나 군겐도의 정신과 딱 맞는 식재료가 있다면 바로 손님의 식탁에 올린다. 아베가 요리의 기본은 가정식 요리다. 엄마의 손맛이 느껴지는 고향 음식, 정성으로 가득 찬 먹거리를 손님에게 내놓겠다는 것이 마쓰바 도미 대표의 생각이다. 마쓰바 도미 대표는 자신의 회사를 단지 물건만 만들어 파는 기업이 아니라 삶의 가치를 새롭게 볼 것을 제안하는 곳으로 생각하고 있다. 그리고 그는 새로운 라이프스타일을 창조하는 일을 지향한다. 마쓰바 도미 대표의 이런 정신은 나의 가슴을 울렸다.

'그래, 나도 저런 사업을 하고 싶어. 삶의 가치를 새롭게 보고, 새로운 라이프스타일을 만들어 내는 일에 나도 참여하고 싶어.'

나는 이런 생각을 했다. 마쓰바 도미 대표는 2018년 12월 우리나라 동네 빵집의 대명사인 성심당의 초청으로 한국 대전을 방문했다. 그가 살고 있는 오다[大田]시와 대전[大田]광역시는 같은 한자를 쓰는 인연으로 오랜 기간 교류를 해 왔다. 마쓰바 도미 대표는 군겐도의 정신을 대전시민과 도시 재생 운동가들에게 생생한 목소리로 전했다. 마쓰바 도미 대표의 삶, 그가 갖고 있는 기업가 정신에서 일관되게 흐르는 메시지가 있다.

'이제 우리는 천천히 가야 한다. 그리고 지속 가능한 방향을 지향해야 한다.'

군겐도, 마쓰바 도미 대표의 이야기에는 '천천히'와 '지속 가능성'이라는 정신이 있다. 마쓰바 도미 대표는 기업을 키우고 마을 살리기를 하면서 이런 것의 중요성을 소리 높여 말하지 않는다. 그냥 살아가면서, 기업을 경영하면서 자연스럽게 몸으로 실천해 갈 뿐이다. 마쓰바 도미 대표의 이런 모습은 1인 CEO 윤예리에게 큰 울림으로 다가온다. 그래서 나는 군겐도를 내가 추구하는 비즈니스의 한 모델로 삼았다.

'그래 천천히 가자, 그래야 지속할 수 있으니까.'

월화수 쉬고 목금토일만 여는 카페

'재미'를 추구하는
'맥키스컴퍼니'

CH 전에는 지역 소주 제조업체인 맥키스컴퍼니(이전 회사명 '선양')라는 회사가 있다. 이 회사를 운영하는 조웅래 회장은, 내가 기업을 시작하기 전부터 유심히 연구한 기업가 중 한 사람이었다. 대학에서 전자공학을 전공한 그는 대기업 직원을 거쳐 IT(정보통신) 분야에서 창업했는데 거기서 큰 성공을 이루었고, 결과적으로 많은 돈을 벌었다.

'발상의 전환'

그런데 그는 이 세상 그 누구에게도 뒤지지 않는 '발상의 전환'의 힘을 보여 준다. 보통 IT 분야에서 창업하여 돈을 벌면 그 분야에 다시 투자를 하곤 한다. 그렇게 해서 성공을 이어가기도 하고 쫄딱 망하기도 한다. 그런 사례는 우리 기업사에 너무나 많다. 하지만 조 회장은 이런 일반의 예측을 완전히 벗어난 판단을 한다.

그가 태어나 자란 곳은 경상도였고, 그가 돈을 번 것은 전국이었다. 그는 대전과 아무런 연고도 없었다. 그런데 그는 어느 날 대전으로 와서, IT와는 전혀 다른, 지역의 소주 회사를 인수했다. 그때가 2004년이었다.

"저 사람, 머리가 좀 어떻게 된 거 아니야?"

주변에서는 이런 얘기가 나왔다고 한다. 그런 얘기가 나오는 것도 무리는 아니었다. 소주 업계는 '참○○'이라는 소주를 파는 업체와 '처음○○'이라는 소주를 파는 업체가 전국을 지배해가고 있는 상황이다. 과거 있던 '1도 1사 체제(1개 도에 1개 소주 회사만 운영하는 체제)'가 거의 무너지면서 지역 소주 업체들은 고전을 면치 못하고 있었다. 이런 상황에서 조 회장은 자체 시장 규모도 크지 않고, 더구나 수도권과 가까워 서울 업체의 공략에 취약한 것으로 평가받고 있던 대전의 소주 업체를 사들였다. 이를 놓고 '정상적인 판단이 아니다'라고 보는 것은 당연한 일이었다. 하지만 조 회장은 그런 모두의 평가, 모두의 기대, 모두의 분석을 무시하고 '거꾸로 가는' 판단을 했다. IT 사업에서 번 돈을 소주 회사에 털어 넣는 그를 보고 '미쳤다'라고 말하는 사람도 있었다. 하지만 그는 지역민들에게 다가서서, 그들의 사랑을 끌어낼 수 있다면 이길 수 있다는 '뒤집기 발상'을 하고 있었다.

그는 자신의 이런 '역발상'을 실행하기 위해 무수한 공을 들였다. 그는 끊임없이 지역민들에게 다가갔다. 그는 대전 계족산의 임도(林道, 숲을 관리하기 위해 만든 숲속의 도로) 14.5㎞에 부드러운 황토를 깔고 나서 시민들과 함께 부지런히 걸었다. 부드러운 황토 위에서 진행하는 '맨발 걷기'는 대전시민들로부터 폭발적인 인기를 얻었다. 이후 계족산 맨발 걷기의 인기는 전국적인 현상이 됐고, 어느덧 연간 100만 명이 찾는 대전의 대표 관광 자원으로 변했다. 그는 어떤 것을 이루면 거기에서 멈추지 않는다. 끊임없이 새로움을 추구한다. 그는 계족산을 찾는 사람들을 위해 '뻔뻔(Fun Fun)한 클래식'이라는 무료 음악 공연(매주 토·일요일)과 맨발 축제(5월)도 열었다.

이 두 가지 이벤트는 코로나19 사태가 벌어지는 동안 중단됐지만, 사태가 진정된 이후 엄청난 인기 속에 재개됐다. 뻔뻔한 클래식 공연은 인근 도시인 세종시의 호수공원에서도 열려, 큰 호응을 얻었다.

조 회장이 계족산 맨발 걷기에 투자한 정성을 수치로 한번 따져보자. 사람들이 맨질맨질한 황토를 밟으면서 걸을 수 있도록 하기 위해 그가 외지에서 갖다 뿌리는 황토의 양만 연간 2,000t이 넘는다고 한다. 이게 모두 돈이 드는 작업인 것은 말할 것도 없다. 이 맨발 숲길을 가꾸는 데 그가 들이는 비용은 연간 10억

원이 넘는다고 전해 들었다. 또 연간 50회 이상의 뻔뻔한 클래식 공연을 여는데도 엄청난 비용이 소요된다. 그는 "그런 비용이 아깝지 않다."라면서 "지역 주민들과 함께할 수 있는 기회를 계속 만들어가고 싶다."라고 말하곤 했다. 내가 분석한 조 회장의 특징은 사람들을 위해 '신명난 한판 잔치'를 벌인다는 것이다. 더 쉽게 이야기를 하면 '재미'를 추구한다는 것이다. 그가 벌이는 뻔뻔한 클래식은 사람들의 상상을 완전히 벗어난다. 이 콘서트장에는 반려견을 데리고 가도 되고, 공연을 보다가 전화를 받아도 된다. 콘서트장에 들어갈 때 입장료나 티켓도 받지 않는다. 물론 나이 제한도 없다. 코로나19 사태가 터지기 전에는 물론 사태가 종료되고 나서도 대전 대덕구 장동 계족산 숲속 음악회장은 그래서 모든 이들의 흥겨운 잔치판으로 변한다. 소프라노 정진옥 등 국내 최고 수준의 음악가들이 펼치는 음악회는 코믹한 분위기와 달리 품격 있는 무대로 꾸며지는 것이 특징이었다. '재미있는'이라는 뜻의 영어 'fun'에서 따온 음악회의 이름(뻔뻔한 클래식)처럼 이 공연은 늘 '재미'를 추구하지만, 그 '수준'도 절대로 포기하지 않는다. 계족산 맨발 숲길에서 맨발 걷기를 즐기는 사람들을 위한 이 공연은 4월부터 10월까지 매주 토·일요일 오후에 열린다. 결국 '노잼'의 도시로 알려진 대전은 한 기업가의 노력 덕분에 '재미있는 도시'로 변해 가게됐다. 이런 조 회장의 노력은, 물론 지역민들의 지역 소주에 대한 사랑으로 이어졌고, 매출 증대에도 도움이 됐다.

"재미를 추구하면 기업가 스스로가 재미있겠구나."

월화수 쉬고 목금토일만 여는 카페

나는 조 회장의 모습을 언론 등을 통해 보면서 이런 생각을 하곤 했다. 한마디로 재미와 경영, 재미와 이익을 동시에 추구하는 그의 기업가 정신에 매료됐다.

조 회장에게 매료된 결정적인 일이 하나 있다. 그는 자신에 대한 투자를 아끼지 않았다. 그는 많은 사람이 아는 마라톤 매니아다. 보스턴마라톤 대회를 포함한 공식 마라톤 대회에서 그가 풀코스를 완주한 것은 80차례가 넘는다. 그는 소중한 시간을 온전히 자기 자신에게 되돌려 주는 데 주저하지 않았다. 2021년 12월 3일 강원도 고성 통일전망대에서 시작한 그의 달리기는 2023년 1월 26일 낮 12시 5분에 끝났다.

달리는 것, 뛰는 것. 그것은 조 회장이 가장 소중하게 여기는 것이다. 달리는 시간이 가장 행복하다고 그는 언론과의 인터뷰에서 말하곤 했다. 조 회장은 대한민국 둘레길 한 바퀴 5,228㎞를 달리기로 완주하는 데 성공했다. 매주 금·토요일(경우에 따라서는 목요일에도 뛰었다고 한다) 오전 시간에 하루 평균 45㎞를 달려 이뤄낸 성과였다. 일요일은 그다음 주를 위한 휴식의 시간이었다고 한다. 그는 결국 자신이 가장 소중하게 여기는 것, 다시 말하면 '달리기'를 위해 금·토·일요일을 온전히 바쳤다. 조 회장이 5,228㎞ 길을 달리는 데 걸린 시간은 518시간 57분 59초였다. 1㎞당 5분 57초 속도로 달린 셈이다. 그가 뜀박질에 나선 날은 116일에 이른다. 한국기록원은 조 회장의 기록을 '대한민국 국토 경계 한 바퀴 최단시간 완주 기록'으로 인증했다. 그는 달릴 때마다 스마트워치에 자동으로 기록되는 코스와 시간을 한국기록원에 보내는 방법으로 검증을 받았다고 했다. 조 회장이 뛴 길의 노선은 문화체육관광부와 한국관광공사가 선정한 '코리아 둘레길'을 기반으로 구성됐다고 한다. 동해안~남해안~서해안~DMZ 길을 도는 것이 핵심이다. 하지만 전국의 길은 하나로 연결돼 있지 않은 경우도 많다. 달리다 보면 막히는 길이 있고 사라진 길도 있었다고 했다. 그때마다 돌아가는 길, 새로운 길을 찾아야만 했다는 얘기도 들었다.

조 회장은 언론 인터뷰에서 "금·토요일에는 뛰고, 일요일에 대전 회사로 와서 쉬고 월요일부터 목요일까지 일한 뒤 그다음 주에 직전 주 마지막 달린 곳에 다시 가서 이어달리는 방법으로 매주 2차례 이상 꾸준히 달렸다."라고 말했다. 조 회장이 달린 길에는 '대동런지도(大東RUN地圖)'라는 별칭이 붙었다고 한다. 조선 시대 고산자 김정호가 발로 걸어다니며 만든 '대동여지도(大東輿地圖)'에 빗댄 이름이다. 정부·지자체 등이 지정한 둘레길 등에는 없는 길을 직접 찾아 달리면서 대한민국을 두 발로 달릴 수 있도록 새로운 '달리기 노선'을 만들었다는 의미가 담겨 있다.

내가 조 회장의 활동을 보면서 찾아낸 것은 '재미'였다. 맨발걷기도 사람들의 재미를 추구하는 것이고, 뻔뻔한 클래식 공연도 사람들의 재미를 추구한다. 그의 달리기는 스스로의 재미를 위한 것이다. 그리고 조 회장 스스로가 그런 생각을 했는지는 모르지만, 중견기업체의 리더인 그는 회사 일과 자신의 일상생활 속에서 균형을 찾는 이른바 '워라밸' 기업가라는 얘기다. 이런 이야기를 언론 등을 통해 접하면서 내 스스로에게 질문을 하나 던졌다.

'너는 재미있게 사는가?'

'너는 너의 재미를 위해 무엇을 하고 있는가?'

'너는 너의 워라밸을 진정으로 추구해 왔는가?'

지속 가능성을 위한 결단,
새로운 투자

1인 CEO 윤예리의 최대 화두는 '지속 가능성'이다. 사실 요즘 전 세계 기업들의 최대 관심사는 'ESG 경영'이다. ESG는 'Environmental', 'Social', 'Governance'의 머리글자를 딴 말이다. 기업 활동을 할 때 '친환경', '사회적 책임 경영', '지배구조 개선' 등의 측면에서 투명 경영을 고려하고 유지해야만 '지속 가능한' 발전을 할 수 있다는 철학이 담겨 있는 말이다. 'ESG'라는 개념은 개별 기업을 뛰어넘어 자본 시장과 한 국가의 성패를 가를 수도 있는 핵심 키워드로까지 거론되고 있다. 10평짜리 소규모 창업에 나선 1인 CEO 윤예리가 거창하게 'ESG 경영'의 이념을 그대로 도입하겠다고 말하는 것은 아니다. 하지만 나는 ESG 경영이 궁극적으로 지향하는 것, 다시 말하면 '지속 가능성'을 눈여겨본다. 지속 가능성은 기업, 범위를 좁혀 말하면 작은 카페 하나에게도 아주 중요한 개념이다.

미국의 구글이나 한국의 삼성전자와 같은 글로벌 기업들도 10년 후, 100년 후에도 살아남을 수 있는 그 무엇인가를 찾는다. 흔히 먹거리를 찾는다고들 한다. 결국은 오래 살아남겠다는 것이다. '지속 가능성'을 유지하는 것이 삼성이나 구글이나 카페 리브리베나 똑같은 지상 과제일 수밖에 없다는 얘기다. 당연히, 지극히 당연히 10평짜리 작은 카페 리브리베는 지속 가능성에 모든 것을 걸어야 한다. 결단이 필요했다.

앞에서도 여러 차례 이야기를 했지만, 카페 리브리베와 함께한 3년은 나의 모든 것을 건 싸움이었다. 정신과 시간과 몸을 다 내던졌다. 휴일 없이 일하다 보니, '질병 선물 3종 세트'라는 아픈 선물도 받았다. 이래서는 지속 가능성이 없다.

'나에게 휴식을 주자.'
'내가 재미를 느낄 수 있게 하자.'

커피의 맛이 알려지고 카페 리브리베에서 내놓은 디저트 제품에 대한 평가가 높아지면서 어느 때부터인가 정말로 마법 같은 일이 벌어지기 시작했다. 작은 공간인 카페 리브리베에서는 도저히 소화할 수 없는 물량의 주문이 이어지는 경우도 많았다.

"결혼식 답례품 200개 주문이 가능할런지요?"

"기념품 50개 좀 〇월 〇〇일까지 꼭 부탁드립니다."

3~4일 밤을 새워야 납품이 가능한 때도 있었다. 낮에는 카페를 열고 밤에는 답례품을 만드는 일은 정말로 힘이 들었다. 단기 아르바이트를 고용하기도 했지만, 어떤 때는 납품해야 하는 답례품과 기념품의 양이 너무 많아 불가피하게 리브리베의 얼굴인 카페의 문을 닫을 수밖에 없는 상황에 몰리기도 했다. 이런 고민에 빠져 있던 상황에서 결정적인 계기가 하나 찾아왔다. 코로나19가 풀리기 시작하면서, 앞서 이야기한 결혼식 답례품 주문이 더 많이 쏟아지기 시작했다. 때로는 수십 개에서 수백 개에 이르는 주문이 들어왔다. 혼자서는 감당하기 어려운 물량의 주문이 이어졌지만, 3년간 틈틈이 익혀온 디저트 제조 기술을 활용하니 제품 생산은 가능했다. 일손이 모자라는 경우가 많았지만, 주변 사람들을 통해 단기 아르바이트 인력을 소개받으면서 해결했다. 하지만 해결되지 않는 근본적인 문제가 하나 있었다. 10평의 좁은 카페가 문제였다. 좁은 카페 매장 안에서 여러 사람이 답례품을 만드는 것은 무척 어려운 일이었다. 무엇보다 큰 문제는 카페에서 답례품을 만들다 보니, 카페를 찾는 사람을 받을 수 없는 상황에 직면하는 경우가 많았다.

'작업장이 하나 있으면 좋겠는데….'

고민이 이어졌다. 답례품 매출액이 카페 매출액보다 훨씬 많아진 상황이었다. 카페도 살리고, 답례품 사업도 이어갈 수 있는 길을 찾아야 했다.

'카페의 지속 가능성을 답례품에서 찾는다면, 새로운 방법을 모색해야 해.'

카페도 살리고 답례품 사업도 이어가기 위한 고민이 이어졌다. 지금의 카페 리브리베 자리를 뜨지 않고도, 카페의 정체성을 유지하면서 답례품 등 디저트류를 생산할 수 있는 방안은 무엇일까? 주변 사람들과도 상의했다. 카페 인근 건물 중 임대료가 싼 3~4층 공간을 골라 작업장으로 만들면 어떻겠냐는 제안이 나왔다. 사실 그 방안은 나도 처음부터 염두에 뒀던 것이다. 하지만 임대료 부담 때문에 섣불리 나서지 못했다. 1인 CEO에게 결단의 시간이 다시 찾아온 것이다. 숙박업에의 무리한 도전, 큰 점포로의 이전 추진 등 과거 실패한 일들이 떠올랐지만, 카페리브리베의 지속 가능성을 높이는 방법은 역시 카페 인근에 작업실을 마련하는 것이라는 생각이 들었다. 바로 공간을 찾았다. 다행이 카페에서 2~3분 거리 안에 있는 건물 3층에 카페 임대료 수준의 공간이 있었다. 공간은 카페에 비해 배 이상 넓었다. 답례품 제작 작업을 하기에는 부족함이 없었다. 답례품을 만들기 위해 그동안 구매해 온 기구를 작업장으로 올리고 에어컨을 달았다. 밤샘 작업을 위해 간이침대도 들여놨다.

'워라밸'만이 살 길…
월화수는 무조건 쉰다

 로나19가 소강 국면으로 접어들 즈음, 1인 CEO 윤예리 앞에 또 하나의 커다란 숙제가 던져졌다.

'매일 카페를 열면서 답례품을 납품할 수 있겠어? 이러다 쓰러지는 거 아냐?'

이런 질문은 주변에서 먼저 나왔다. 당연한 질문이었다.

'과연 할 수 있을까? 그렇게 한다면 행복할 수 있을까? 내가 추구해온 워라밸은 도대체 어디로 가는 걸까? 그렇게 무리를 하면 지속

가능성을 담보할 수 있는가?'

나 스스로에게도 여러 가지를 물어봤다.

'사업이 중요할까, 인생이 중요할까.'
'돈이 더 소중한가, 아니면 시간이 더 소중한가.'

결단이 필요했다. 끊임없는 물음에 답을 내놔야 했다. 먼저 '지금 나에게 가장 필요한 것은 무엇인가?'라는 질문에 답을 내놔야 했다. 머릿속에 떠오른 것은 '여유'와 '시간'과 '재미'였다. 천천히 가는 '군겐도', 재미로 가는 '맥키스컴퍼니'의 사례도 떠올랐다.

'그래 천천히 가자.'
'그래 재미있게 하자.'

내 머릿속에서는 이런 결론이 나왔다. 그렇다면 방법은 뭘까. 우선 일하는 시간을 줄여야 한다는 생각이 들었다. 쉬는 날을 늘릴 필요가 있었다. 카페의 요일별 매출 추이를 보니, 역시 월·화·수요일의 매출이 적었다. 월·화·수요일은 노동력의 투입량에 비해 수익이 적은 날이라는 얘기다.

'1주일 중 월, 화, 수요일 3일은 무조건 쉬자.'

과감한 결단이 필요했다. 나에게 최소한 주당 3일의 여유를 주고 싶었다. 1인 CEO 윤예리가 누구인가. 바로 실행에 들어갔다.

'카페 리브리베, 월·화·수요일은 무조건 쉽니다. 목·금·토·일에 뵈어요.'

이렇게 해서 월·화·수는 쉬고 목·금·토·일만 일하는, 워라밸 중시 카페 '리브리베'가 2023년 등장했다. 반응은 갈렸다. 평일 카페를 찾으시던 단골손님들로부터 서운하다는 이야기를 들을 때는 마음이 아팠다. 하지만 나의 생활에는 커다란 변화가 있었다. 우선 일요일 저녁부터 수요일 저녁까지는 온전한 자유의 시간이 찾아왔다. 친구도 만날 수 있었고, 여행도 떠날 수 있었다. 카페를 하면서, 특히 답례품 배달을 하면서 익힌 운전 솜씨를 발휘해 온 가족을 차에 태우고 여행도 다녀왔다. 시간의 여유는 몸의 여유를 가져왔고, 몸의 여유는 마음의 여유로 이어졌다. 내가 현재 사랑으로 함께 살고 있는 애견 예동이를 데리고, 반려동물공원에도 다녀올 수 있는 시간이 생겼다. 예동이와 뛰어놀 때 몰려오는 행복감도 마음껏 누렸다. 까만색 시바견인 예동이와 푸른 공원을 마음껏 뛰었다. 파란 하늘을 배경으로 사진도 찍었다. 내 마음이 파란 하늘처럼 개는 느낌이 들었다. 코로나19와 싸우는 동안 거의 경험하지 못한 감정이었다. 물론 매출은 분명히 감소했다. 월·화·수요일 매출이 그대로 사라지니, 어쩔 수 없는 일이었다. 하지만 견딜 수 있는

월화수 쉬고 목금토일만 여는 카페

수준이었다. 대신 보상은 너무나 컸다. 우선 온전한 내 시간을 가질 수 있었다. 그리고 온전한 나를 바라볼 수가 있게 되었다. 일과 삶의 균형, '워라밸'이라는 것이 이렇게 중요하다는 것도 다시금 느낄 수 있었다. 힘이 생겼고 행복감이 높아졌다. 사업에의 자신감도 높아졌다. 내가 행복해 하니 고객도 행복해했다. 또 주변 사람들도 행복해했다.

'월화수 쉬고 목금토일만 여는 카페, 리브리베'는 이런 우여곡절 속에 태어났다. 하지만 '월화수 쉬고 목금토일만 여는 카페, 리브리베'라는 새로운 콘셉트의 카페는 이제 다시 걸음마를 하는 중이다. 앞으로 어떤 시련이 닥칠지 아무도 모른다. '월화수 쉬고 목금토일만 여는 카페'를 선언하고 나서, 작업실의 천장에서 물이 새는 등 여러 가지 일이 겹치면서 1개월 가까이 카페 문을 제대로 열지 못한 적도 있다. 하지만 수많은 시련 속에 '멘탈'이 강해진 1인 CEO 윤예리의 행복감이 한결 높아졌다는 것만은 분명하다.

이제 하늘이 파랗게 보인다. 거기에서 새로운 꿈을 찾아 다시 항해를 시작하고자 한다.

감사의 인사

카 페 리브리베.

코로나19라는 전쟁터에서 살아남기까지는 정말로 많은 사람의 도움이 있었다. 나의 능력을 믿고 나에게 희망을 걸어 준 그 많은 사람의 뜻이 모여서 오늘의 리브리베가 있게 됐다.

내 카페의 점포를 찾아 주신 공인중개사 사무실 사장님.

내 카페의 로고를 디자인해 주신 디자인 회사 사장님,

보이는 것은 온갖 잡동사니와 허접한 벽체뿐이던 공간을 이 멋진 터전으로 만들어 주신 인테리어 회사 사장님, 그리고 목공 팀원들.

내가 나름 커피 전문가가 될 수 있도록 친절하게 지도해 주신 커피학원 원장님.

코끼리 로고를 만들어 주신 브랜딩 회사 대표님.

카페 개업과 경영의 A부터 Z까지 모든 것을 전수해 주신 ○○○카페 사장님.

초보 사업가 윤예리를 사업의 길로 안내해 준 A기관 관계자님들.

내가 어려움에 봉착했을 때 등을 두드려 준 친구들.

내 일을 자신의 일로 생각하고 궁극적인 도움을 주신 부모님.

그리고 어려운 일이 생기면 제일 먼저 달려와 도와준 김대윤·윤예슬·정진욱·하선호 님.

리브리베의 명예사원이자 홍보대사로 활동해 준 류수영님.

여러 차례에 걸쳐 특별 판촉 활동을 할 수 있는 기회와 공간을 내주신 바코드의 최헌규 대표님, 박노숙 사모님.

지금 생각하면 너무나 많은 사람의 도움과 애정이 있었기에 오늘의 내가, 오늘의 리브리베가 생존할 수 있었다. 카페 리브리베는 회사(會社)라기보다는 아직은 '1인 기업'이다. 하지만 이 1인 기업 카페 리브리베가 지금까지 코로나19 사태를 버텨내며 생존해 있을 수 있게 된 것은 수많은 사람과 사람의 사랑과 도움이 모아진 덕분이다. 수많은 사람의 힘이 모였기에 견딜 수 있었고, 살아남을 수 있었다는 얘기다.

모일 '회(會)'. 그랬다. 카페 리브리베는 사람들이 모여서 만든 것이고, 사람들의 힘이 모여서 살려낸 것이다. 그렇다면 회사다. 맞다. 카페 리브리베는 그런 의미에서 보면 '회사(會社)'

다. 회사가 맞다.

그동안 치열한 전쟁을 치르면서 정말로 많은 것을 느꼈다.

'이 세상일이라는 것이 나 혼자만의 힘으로 되는 것은 하나도 없구나!'

늘 그런 생각을 한다. 이 지면을 빌려 모든 분께 감사드린다.

월화수 쉬고 목금토일만 여는 카페

부록

'워라밸' 카페경영을 생각하는 사람을 위한 몇 가지 팁

월화수 쉬고 목금토일만 여는 카페

나는 카페 리브리베를 경영하면서 지속 가능성을 확보하고, 그것을 통해 이른바 '워라밸'을 이루기 위한 몇 가지의 원칙 같은 것을 발견했다.

그중 하나는 '규모의 최적화'다. 규모의 최적화를 통해 지속 가능성을 높이자는 얘기다. 여기에서 규모의 최적화는 창업자의 능력에 최적화된 규모를 찾아내는 것을 말한다. 보증금(권리금 포함) 부담이 크면 창업을 시작하는 것 자체가 어렵고, 월세 부담이 크면 초기 안착이 어렵다. 보증금과 권리금은 성격이 아주 다르다. 보증금은 나중에 회수할 수 있지만, 권리금은 회수가 보장되지 않는다. 그 때문에 권리금을 최소화할 수 있는 점포를 구하는 것이 중요하다. 월세는 지속 가능성이라는 측면에서 정말로 중요하다. 월세는 지속적이고 안정적으로 낼 수 있는 규모여야 한다. 1인 CEO를 지향한다고 해도 월세와 기본적인 공과금은 확보가 되어야만 한다. 사업을 시작하기 전, 나는 3~4일의 매출로 월세를 충당할 수 있어야만 카페를 운영할 수 있다는 전문가의 말을 들은 적이 있다. 실제로 카페를 운영해 본 결과, 이 전문가의 말은 거의 틀림이 없었다. 본인의 기본적인 인건비를 제외하고서 이익을 내면서 카페 운용을 지속하기 위해서는 3~4일의 매출로 월세를 충당할 수 있어야 한다. 이 때문에 처음 카페를 시작할 때부터 규모를 키우기는 어렵다. 대로변 등 상권도 최상위 상권을 노릴 수도 없다. 1인 CEO에 맞는 규모, 1인 CEO에 적합한 상권을 찾아야만 한다.

또 하나 중요한 것이 있다. 동업은 지속 가능성을 저해할 가능성이 아주 높다는 것이다. 단도직입적으로 이야기를 한다면, 동업은 지속 가능성을 담보하지 못한다. 사업을 시작할 때, 동업은 부모와도 해서는 안 된다는 얘기를 들었다. 가치관도 다르고, 지향하는 바도 다른 복수의 인간이 공동으로 일을 해서 같은 이익, 같은 만족도, 같은 행복감을 얻는다는 것은 사실상 불가능에 가깝다. 마음에 맞는 사람과 사업을 같이 하고 싶다면, 그 사람을 고용하는 형태가 차라리 낫다. 특히 카페와 같은 좁은 공간에서 온종일 같이 일을 하는 방식의 동업은 많은 위험성을 수반한다. 같은 업계나 유사 업계에서 동업이 지속 가능성을 깨는 사례를 여러 차례 목격했다.

또 하나, 카페의 경우 경영자 입장에서 느낄 수 있는 편안함을 최대화해야만 지속 가능성을 높일 수 있다. 어릴 적 똑똑한 개인택시 기사는 좋은 차, 고급 차를 사서 영업을 한다는 말을 들었다. 생각해 보면 택시를 가장 많이 타는 사람이 누구인가? 택시 기사다. 온종일 택시를 타고 달린다. 보다 편안한 택시, 보다 편안한 승차감은 손님 이전에 택시 기사에게 무엇보다 중

월화수 쉬고 목금토일만 여는 카페

요한 근무환경을 만들어 준다. 개인택시가 지속 가능한 택시 영업을 위해서는 택시 기사에게 가장 마음에 드는, 택시 기사가 가장 편안한 택시를 구매해야만 한다는 얘기다.

카페도 마찬가지라고 생각한다. 지속 가능한 카페를 위해서는 그 공간에서 일을 하는 1인 CEO에게 최적화된 편안함이 있어야 한다. 매장의 디자인도 그렇고, 매장의 색깔도 그렇고, 매장의 동선도 그렇다. 카페 리브리베의 로고나 인테리어는 내가 좋아하는 것을 극대화하는 방식으로 구성했다. 나의 마음과 정신을 담으면서도 세계에서 딱 하나뿐인 로고를 개발했다. 그 안에는 내 마음이 오롯이 들어가 있다. 내가 가장 좋아하는 코끼리를 내가 가장 좋아하는 형태로 꾸민 로고다. 브라운을 기본으로 한 나무 소재의 인테리어 역시 내가 가장 좋아하는 분위기와 색깔을 바탕으로 한 것이다. 조명 역시 마찬가지다. 이런 요소 하나하나, 내 마음을 편안하게 하는 요소 한 가지 한 가지가 지속 가능성을 높이는 역할을 하게 된다. 내 마음에 들지 않는 카페를 다른 사람에게 권유할 수 있겠는가?

'우선 자신의 마음에 드는 카페를 만들어라. 그러면 지속 가능성은 올라갈 것이다.'

또 하나, 경쟁 업소를 두려워하거나 미워하지 말라는 것이다. 카페가 많은 곳에서 영업을 하면 지속 가능성이 높아질까, 아니면 지속 가능성이 오히려 낮아질까? 경영학에서는 '집적 효과'라는 용어가 있다. 집적 효과는 원래 경제 주체나 경제 활동이

한 곳에서 모여 누적됨으로써 발생하는 효과를 말한다. 쉽게 얘기하면, 어떤 업종이 몰려 있는 경우 영업 효과가 더 커질 수 있다는 얘기다. 같은 업종이 몰려 있으면, 그 지역에 대한 소비자들의 인지도가 높아지고, 찾는 사람도 늘어나게 되기 때문에 경영에 유리해질 수 있다. 한국의 용산전자상가나 일본 도쿄의 아키하바라 같은 곳이 대표적인 사례다. 두 나라에서 '전자제품' 하면 용산전자상가와 아키하바라를 공통적으로 떠올린다.

사실 내가 카페를 연 골목 인근에는 카페가 꽤 많이 있다. 특히 내가 문을 열고 나서 개점을 한 곳이 많다. 처음에는 새로운 카페가 생길 때마다 위기의식을 느낀 것도 사실이다. 하지만 가만히 살펴보니까 그게 아니었다. 새로운 디자인, 새로운 개념의 카페가 생길 때마다 거리의 풍경이 바뀌어 갔다. 한마디로 업그레이드되는 느낌이 들었다. 카페 리브리베를 포함한 다양한 카페가 생기니까, 사람들이 거리를 '품격 있고, 아름다운 카페가 몰려 있는 거리'로 자연스럽게 인식하게 되는 효과가 생겨났다.

그랬다. 옆집은 나와 경쟁하는 곳이 아니었다. 나의 단점을 보완해 주는 곳이었다. 옆집은 옆집대로, 나는 나대로 저마다의 길을 가다 보면, 다양성이 상승한다. 그러면 다양성이 있는 카페 거리로 사람들은 자연스럽게 몰려올 것이다. 이게 바로 흔히 말하는 '시너지 효과' 아닌가? 결과적으로 지역과 함께 하면 지속 가능성은 더 높아진다. 적어도 나는 그렇게 생각한다. 가능하면 모두가 어깨에 어깨를 걸고 힘을 모아 감으로써 지속 가능성을 높이는 것이 필요하다고 생각한다. 그리고 가장 중요한 것, 그건 '워라밸을 통한 나의 행복'이다. '월화수는 쉬고, 목금토일만 여는 카페' 역시 내가 행복해질 수 있는 조건을 만들기 위한 하나의 수단이라고 볼 수 있다. 아이템에 따라서는, 마케팅 전략에 따라서는 '일월화수는 쉬고, 목금토만 여는 카페'도 만들 수 있다고 생각한다.

최근 MZ세대의 창업이 크게 늘었다는 통계청의 발표가 나왔다. 2022년 20대와 30대가 대표자로 있는 사업체 수가 3만 5,000개 이상 늘었는데, 이게 전체 사업체 증감분의 절반을 넘어섰다는 내용이다.

2022년 늘어난 사업체를 대표자의 연령별로 나눠 보면 20~30대 젊은 층이 대표로 있는 사업체 수의 증가가 두드러졌다. 30대 대표자가 운영하는 사업체는 1년 사이에 2만 6,781개가 늘었다. 대표자가 20대인 사업체는 같은 기간 8,536개 늘었다. 전체 사업체 증가분 중 20~30대 대표자 사업체의 비중은 57.4%에 이르렀다.

통계청은 취업 대신 창업으로 눈을 돌리는 청년 층이 증가한 영향이라고 분석했다. 20대 대표자의 사업체 중에서 카페 등 커피 전문점의 증가 폭이 크다는 분석도 나왔다.

이런 통계는 MZ세대 중 상당수가 창업, 그중에서도 카페 등 커피 전문점의 창업에 나서고 있다는 사실을 보여 준다.

MZ세대 여러분의 과감한 도전을 기대해 본다.

월화수 쉬고
목금토일만 여는 카페

1판 1쇄 인쇄   2023년 11월 21일
1판 1쇄 발행   2023년 11월 27일

지은이 | 윤예리
펴낸이 | 박정태
편집이사 | 이명수   출판기획 | 정하경
편집부 | 김동서, 전상은, 김지희
마케팅 | 박명준   온라인마케팅 | 박용대
경영지원 | 최윤숙, 박두리

펴낸곳	BOOK★STAR
출판등록	2006. 9. 8. 제 313-2006-000198 호
주소	파주시 파주출판문화도시 광인사길 161 광문각 B/D 4F
전화	031)955-8787
팩스	031)955-3730
E-mail	kwangmk7@hanmail.net
홈페이지	www.kwangmoonkag.co.kr

ISBN	979-11-88768-75-2 03040
가격	20,000원